Anja Carter

Basis Englisch

So einfach war Englisch lernen noch nie!

Basis Englisch - So einfach war Englisch lernen noch nie!
Anja Carter Ltd
London, Grossbritannien

www.englischsupereinfach.com

Copyright © 2014 Anja Carter

2. Auflage November 2014

ISBN: 9783738606997

Herstellung und Verlag: BoD - Books on Demand, Norderstedt

Konzept, Text, Redaktion und Gestaltung: Anja Carter
Illustrationen: © Zubada - Fotolia.com, © mattasbestos - Bigstock.com

Besonderen Dank an meinen Vater und seine wunderbare Lebensgefährtin Angelika Wegehaupt für ihre Inspiration und Unterstützung. Zudem möchte ich mich ganz herzlich auch bei meiner guten Freundin Gertrud Rall für ihren Input und motivierenden Zuspruch bedanken. Der allergrösste Dank geht an meinen Mann und Kinder, ohne die ich dieses Buch wahrscheinlich nie zu Ende geschrieben hätte. 1000 Dank Euch Allen!

Inhalt

Vorwort

Vor einigen Jahren habe ich ein kleines Büchlein namens "Reiseenglisch für Anfänger" veröffentlicht. Der Erfolg dieses Buches hat mich vollkommen überrascht, besonders die vielen Zuschriften, die nach weiteren Büchern in diesem Stil fragten. Ich habe mich seitdem intensiv mit der englischen Sprache beschäftigt und festgestellt, dass man eigentlich gar nicht so viele Worte benötigt, um sich im Alltag gut zu verständigen. Die englische Sprache umfasst zwar einen Wortschatz von einer geschätzten halben Million Wörter, aber davon sind dem Muttersprachler nur ca 50.000 bekannt und wiederum nur 20.000 werden aktiv benutzt. 20.000 ist immer noch eine ganze Menge, aber braucht man wirklich so viele um sich gut zu verständigen? Ich musste diese Sache weiterverfolgen … wie viele Wörter benötigen wir im Alltag denn wirklich? Es gibt unzählige Studien dazu und viele kommen zu dem Ergebnis, dass man nur ca 2.000 Wörter braucht, um aktiv an einem Gespräch teilzunehmen und nur 600-800 Wörter für ein Alltagsgespräch. Wirklich, nur so wenige? Ich bin der Sache noch weiter auf den Grund gegangen und tatsächlich, wir benötigen wirklich nur ein Bruchteil des Wortschatzes, um uns adäquat zu verständigen. Ich fing an Listen zu erstellen mit Wörtern, die man im Alltag benutzt und nach und nach kristallisierte sich ein Wortschatz heraus, der in meinen Augen das Fundament der englischen Sprache darstellt.

Eine weitere Hürde beim Englisch lernen ist oft die richtige Aussprache. Was nützt einem eine perfekte Vokabelliste, wenn man diese nicht richtig aussprechen kann, besonders wenn die Aussprache nicht immer einem logischen Muster folgt. Und auch da haben mich die Fans meines ersten Buches bestätigt, dass man am besten die Aussprache eines Wortes erlernt, wenn man es so liest, als ob es die eigene Sprache wäre. Praktisch, simpel, gut … auch wenn Sie damit kein Oxford Englisch sprechen, man wird sie auf jeden Fall gut verstehen. Und das mit dem Oxford Englisch ist eh so eine Sache … die Amerikaner, Engländer, Schotten, Australier usw. streiten sich immer noch, wer das schönste Englisch spricht ;) Naja im deutschsprachigen Raum ist es ja nicht anders ... ein Bayer, Hamburger, Berliner, Züricher oder Wiener schreibt ein Wort gleich, aber es klingt dennoch völlig anders, und was am besten klingt, ist wie immer Geschmackssache :)

Ok, wir haben die Vokabeln und die Aussprache, aber es gibt noch eine Hürde zu überspringen - der innere Schweinehund! Es nützt das beste Buch oder der beste Lehrer nix, wenn man sich nicht selber mit dem Thema auseinandersetzt. Jeder noch so gute Vorsatz wird irgendwann in die Schublade gelegt, wenn man ihn nicht konkret angeht. Am besten lernt es sich, wenn man sich wohl fühlt. In der Schule beim Vokabeln lernen haben sich sicher die Wenigsten wohl gefühlt. Diese Erinnerung schieben wir gleich mal weit weg, und damit ich auch hier nicht als Lehrerin rüberkomme, biete ich Dir sogleich das Du an. Mein innerer Schweinehund ist leider auch riesig hoch, und ich habe festgestellt, dass ich am höchsten motiviert bin, wenn ich ein schnelles Erfolgserlebnis mit minimalem Aufwand habe. Sicherlich ist die beste Variante Karteikarten zu schreiben, aber wer hat schon die Zeit dazu? Deswegen habe ich das Vokabular nach Themen geordnet und in praktische 10-er Blöcke aufgeteilt. Du entscheidest, wie viele Wörter Du pro Tag lernst und wie oft Du diese wiederholst.

Ich würde Dir allerdings empfehlen, Montag bis Freitag jeweils eine Liste zu lernen und diese fünf dann am Wochenende zu wiederholen. So hast Du den optimalen Lerneffekt und bist in 3 Monaten so weit, dass Du Dich perfekt auf Englisch verständigen kannst.

Du kannst die Vokabelblöcke auch gern variieren und erst die Themen lernen, die Dich am meisten interessieren. Hauptsache, Du hast Spass und bleibst am Ball!

Bevor Du Dich allerdings auf die Vokabeln stürzt, gebe ich Dir noch eine kleine Einführung in die englische Grammatik (keine Angst wirklich nur das Nötigste) und ein paar Hinweise zur Aussprache.

Die wenigsten Leute lieben Tests und somit enthält dieses Buch auch nur einen Mini Test und dieser ist auch eher zur Motivation gedacht, damit Du siehst, wie leicht das Buch ist :) Falls Du dennoch dein neu erlerntes Englischvokabular testen möchtest, dann schau unbedingt auf meiner Webseite vorbei: www.englischsupereinfach.com. Dort findest Du auch weitere Hilfestellungen zum Englischlernen und vieles mehr.

Also dann, viel Spass und viel Erfolg!

Anja

Aussprache Tips

Wie bereits erwähnt, ist die englische Aussprache kompliziert. Fast gleich aussehende Wörter werden unterschiedlich ausgesprochen. So werden „heart" (Herz), „heard" (gehört) und „beard" (Bart) zwar fast gleich geschrieben aber das "ea" klingt jeweils wie „hard", „hörd" und „bierd".

Um es Dir besonders einfach zu machen, haben die Vokabellisten immer gleich die richtige Aussprache daneben stehen, sodass Du Dich nur darauf konzentrieren musst. Dabei verwende ich nicht die internationale Lautschrift (denn die braucht viel Zeit und Durchhaltevermögen zum Erlernen), sondern eine Lautschrift, die sich an der deutschen Sprache orientiert. „You" (Du) ist „ju" … Das ist einfach, intuitiv und führt ohne Umwege ans Ziel: Man wird Dich damit garantiert im englischsprachigen Ausland verstehen!

Allerdings gibt es zwei Laute, die sich nicht ganz so einfach auf Deutsch darstellen lassen - das "W" und "Th".

Aussprache des „w":
Am besten Du formst einen Fischmund und ziehst danach die Lippen schnell zu einem Lächeln auseinander. Dies solltest Du Dir merken, denn ich stelle im Buch das englische "W" wie ein deutsches "W" dar. Aber keine Sorge: Selbst ohne den Fischmund wird man verstehen, was Du sagen möchtest.

Aussprache des „th":
Hier wird es tatsächlich etwas anspruchsvoller, denn das "th"

ist für alle Nicht-Muttersprachler extrem schwierig zu erlernen und es kann eine Weile dauern, bis es authentisch klingt. Lege die Zungenspitze zwischen die Schneidezähne und atme stark aus. Ein lispelnder Klang sollte entstehen. Gehe dann ganz schnell mit der Zungenspitze hinten an die oberen Schneidezähne, als ob Du spucken würdst.

Der Einfachheit halber stelle ich im Buch das "th" als "ss" dar. Und selbst, wenn Du das „th" einfach als scharfes „s" aussprichst, wird man Dich genügend gut verstehen. Es mag vielleicht nicht ganz so geschliffen klingen, aber Du willst Dich ja auch nicht beim englischen Rundfunk als Sprecher bewerben ;)

Auf meiner Webseite www.englischsupereinfach.com findest Du auch ein kurzes Video, das Dir die richtige Aussprache zeigt.

Grammatik - das absolute Minimum

Ich stelle hier wirklich nur die allerwichtigsten Regeln auf. Ich gehe auch nicht auf besondere Fallstellungen ein, da diese für ein alltagstaugliches Englisch hier nicht zwingend erforderlich sind.

Satzstellung

Englische Sätze werden im Regelfall nach folgendem Prinzip gebildet:

Subjekt + Prädikat + Objekt (SPO)

Subjekt = Person oder Gegenstand

Prädikat = Verb (Tätigkeits- oder „Tuwort")

Objekt = Person/Gegenstand, mit der das Subjekt etwas macht

Beispiel:

Ich trinke Kaffee.
I drink coffee.
Ei drink koffeh.

Subjekt	Prädikat	Objekt
I	drink	coffee

Will man das Objekt noch näher beschreiben, setzt man ein Adjektiv vorweg. („Wie-" oder Beschreibungswort).

Ich trinke heissen Kaffee.
I drink hot coffee.
Ei drink hott koffeh.

Subjekt	Prädikat	Adjektiv	Objekt
I	drink	hot	coffee

Orts- und Zeitangaben stehen entweder am Satzanfang oder -ende, aber niemals in der Mitte:

Ich trinke heute heissen Kaffee.
Today I drink hot coffee.
Tudeh ei drink hott koffeh.

Artikel

Im Englischen gibt es nur einen bestimmten Artikel: „the". Dieser steht für "der", „die" und „das" und wird Substantiven in Einzahl und Mehrzahl vorangestellt.

Wie bereits erwähnt, wird "the" als *"ssä"* ausgesprochen (bitte beachte auch die Hinweise zur Aussprache des "th" im vorhergehenden Kapitel. Aber steht "the" vor einem Wort, das mit einem Vokal oder Selbstlaut beginnt, dann wird es *"sie"* ausgesprochen.)

Zudem gibt es noch den unbestimmten Artikel "a" *(eh)* für „ein", „einer", „eines". Steht dieser vor einem Vokal, wird er zum "an" *(än).*

Pluralbildung

Bei der Mehrzahlbildung wird in mehr als 90 Prozent aller Fälle einfach ein -s an das Ende des Wortes gehängt. Es gibt wenige Wörter, bei denen Ein- und Mehrzahl identisch sind, z.B. bread (Brot). Ganz selten verändern sich Wörter im Plural komplett, z.b. mouse (Maus) wird zu mice. Aber wenn Du Dir merkst, für den Plural stets ein -s anzuhängen, wird man Dich auf jeden Fall verstehen, selbst wenn es eventuell eine Ausnahme gibt.

Steigerungsformen Adjektive

Einfach, einfacher, am einfachsten: So soll Dir dieses Buch die englische Sprache vermitteln. Deswegen versuche ich, auch diesen Abschnitt auf einen möglichst kleinen Nenner zu bringen. Meistens endet die erste Steigerungsform ein- und zweisilbiger Adjektive auf -er, die zweite auf -est. (Bsp. big, bigger, biggest; nice, nicer, nicest; simple, simpler, simplest; happy, happier, happiest) Bei dreisilbigen Adjektiven werden die Hilfswörter „more" und „most" vorangestellt. (z.B. difficult, more difficult, most difficult) Auf diese Weise lassen sich auch viele ein und zweisilbigen Adjektive alternativ steigern. (z.B. simple, more simple, most simple) Wenn Du also im Zweifelsfall nach diesem Modell verfährst, sollte man Dich verstehen.

Allerdings gibt es noch folgende unregelmässige Steigerungsformen, die Du Dir merken solltest, da sie häufig vorkommen:

gut: good (*gudd*), better (*better*), best (*best*)
schlecht: bad (*bäd*), worse (*wörs*), worst (*wörst*)
viel (unzählbar): much (*matsch*), more (*mohr*), most (*mohst*)

viel (zählbar): many (*männie*), more (*mohr*), most (*mohst*)
klein (Mengen): little (*littel*), less (*läss*), least (*liest*)
klein (Grösse): little (*littel*), smaller (*smorler*), smallest (*smorlest*)

Adverbien

In den meisten Fällen hängt man einfach ein -ly an das Ende des Adverbs (Umstandswort), so wird z.B. das englische Wort für "schnell" quick (*kwik*) zu quickly (*kwicklie*).

Verben - Gegenwart

Verben sind Tätigkeits- oder "Tu-" Wörter, die im Satz zumeist hinter das Subjekt gesetzt werden.

Drückst Du etwas aus, was genau in diesem Moment passiert, setzt Du vor das Verb noch "be" (bie, sein) und hängst ein "-ing" an das Ende des Verbs.

Ich lese.
I am reading.
Ei em rieding.

Verben - Vergangenheit

Bei den meisten Verben wird bei Bildung der einfachen Vergangenheit nur ein "-ed" (ausgesprochen meistens nur als "d") angehängt. Es gibt aber einige Ausnahmen, die Du Dir unbedingt merken solltest:

sein: be (*bie*) wird zu was (*woss*)
haben: have (*häff*) wird zu had (*häd*)
tun: do (*du*) wird zu did (*did*)

Verben - Zukunft

Wenn Du Geschehnisse ausdrücken möchtest, die in der Zukunft liegen, setze einfach das Hilfswort "will" (*will*) vor das Verb, was dann soviel wie „werde/wirst/werdet" bedeutet.

**Jetzt geht es los:
Alle englischen Wörter die Du
benötigst, um Dich perfekt auf
Englisch verständigen zu können!**

Start

Es braucht so wenig für den ersten Erfolg

Nichts ist schlimmer als mit seitenlangen Vokabellisten gequält zu werden, ohne jede praktische Anwendung. Die meisten von uns sind ungeduldig und wollen gleich loslegen. Zumindest wollen wir doch sagen können, wer wir sind oder wie wir uns fühlen. Und genau das kannst Du in weniger als 50 Worten.

In jeder Sprache sind ich und du unersetzlich, also fangen wir auch damit an. Kannst Du Dir denken, welches das wichtigste Verb ist? "Sein" natürlich, und dieses wird im Englischen genauso unregelmässig dekliniert wie im Deutschen und deswegen widmen wir diesem Wörtchen auch eine ganze Seite. Also nach den ersten 2 Seiten kannst Du schon "Ich bin" oder "wir waren" sagen. Als Nächstes legen wir noch ein paar der wichtigsten Adjektive drauf. Bist Du glücklich oder traurig, nach der nächste Seite kannst Du es sagen. Jetzt brauchen wir aber noch unbedingt ein paar Substantive und die nächste Liste bringt uns die ersten Grundwörter. Dannach ist es Zeit für den ersten und letzten Test in diesem Buch :)

Also dann, auf die Plätze, fertig ... los!!!

Ich und Du

Deutsch	Englisch	Aussprache
ich	I	*ei*
du	you	*ju*
er	he	*hie*
sie	she	*schie*
es	it	*it*
wir	we	*wie*
ihr	you	*ju*
sie	they	*sseh*
mein	my	*mai*
dein	yours	*jurs*

🖈 Hast Du bemerkt, es gibt nur eine Form (you) für Du und Ihr. Zudem sprechen sich auch fast alle beim Vornamen an, ausser man hat es mit einer professionellen Person zu tun, wie Ärzte, Lehrer etc.

Das Verb "sein"

Deutsch	Englisch	Aussprache
sein	be	*bie*
ich bin	I am	*Ei em*
du bist	you are	*ju ar*
er/sie/es **ist**	he/she/it **is**	*hie/schie/it **is***
wir sind	we are	*wie ar*
ich war	I was	*I woss*
du warst	you were	*ju wör*
wir waren	we were	*wie wör*
ich werde	I will	*ei will*
du wirst	you will	*ju will*

✒ Ich habe nicht alle Formen hier aufgenommen, aber als Faustregel kannst Du Dir merken, dass in der Vergangenheit "sein" im Plural immer "were" (wör) und in der Zukunft immer "will" ist.

Die ersten Adjektive

Deutsch	Englisch	Aussprache
glücklich	happy	*häppie*
traurig	sad	*ssäd*
gut	good	*gudd*
schlecht	bad	*bäd*
nett	nice	*neis*
alt	old	*ohld*
neu	new	*nju*
jung	young	*jang*
heiss	hot	*hott*
kalt	cold	*kohlt*

Grundwörter 1

Deutsch	Englisch	Aussprache
Ja	yes	*jess*
Nein	no	*noh*
Danke	thanks	*ssänks*
Bitte	please	*pliehs*
Mann	man	*männ*
Frau	woman	*wumänn*
Kind	child	*tscheild*
Name	name	*nehm*
der/die/das	the	*tsä*
ein/eine	a	*eh*

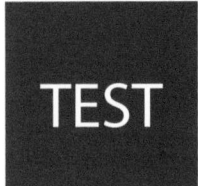

TEST

Was so einfach? Wow!

So jetzt hast schon 40 englische Worte gelernt und mit denen kann man schon ne ganze Menge ausdrücken! Ich kann mich zum Beispiel schon auf zwei Arten vorstellen:

Ich bin Anja	**I am Anja**	*Ei em Anja*
Mein Name ist Anja	**My name is Anja**	*Mei nehm is Anja*

So und jetzt Du:

Mein Name ist ...

Übersetzung:* _____

Ich bin glücklich.

Übersetzung: _____

Der Mann ist alt.

Übersetzung: _____

Ein nettes Kind.

Übersetzung: _____

*Die Lösung findest Du auf Seite 95, auch wenn Du sie sicher nicht brauchen wirst :)

Ich sag ja, man braucht gar nicht viele Wörter, um sich mitteilen zu können. Noch mehr ausdrücken kann man natürlich, wenn man noch ein paar Verben dazunimmt, und diese kommen auch sogleich. Dann kannst Du Dich auch selber testen und eigene Sätze bilden. Aber bitte nie vergessen (besonders wenn Du den Grammatikteil nicht gelesen hast ;) die englische Satzstellung ist:

Subjekt + Prädikat + Objekt

Wenn Du nicht mehr weisst, was ein Prädikat ist, dann schnell noch mal den Grammatikteil lesen ;)

Ja, ja und ich weiss, ich hatte versprochen, dass dieses Buch nicht wie ein Schulbuch ist, sondern Spass macht ... und Versprechen sollte man nicht brechen! Deswegen kommen jetzt auch nur noch die 10-er Blöcke und ab und zu eine Redewendung oder Randnotiz, wenn etwas im Englischen wirklich anders als im Deutschen ausgedrückt wird.

Die 10er Blöcke sind gut gemischt, so dass es nicht langweilig wird. Du kannst diese entweder der Reihe nach durchgehen oder Dir dein eigenes Programm zusammenstellen. Wie gesagt, es soll Spass machen und Du darfst auf keinen Fall die Motivation verlieren. Mir ist egal, ob Du jeden Tag 10 neue Wörter lernst oder nur jeden Zweiten oder gar nur 10 pro Woche, die Hauptsache ist Du bleibst dran und überwindest den inneren Schweinehund.

Und falls Du wirklich testen willst, ob Du was gelernt hast, findest Du auf meiner Webseite www.englischsupereinfach. com noch ein paar kleine Aufgaben.

Also dann, viel Spass beim Lernen!

Verben - Basis

Deutsch	Englisch	Aussprache
haben*	have	*häf*
können	can	*kenn*
essen	eat	*iet*
trinken	drink	*drink*
geben	give	*giff*
sitzen	sit	*ssitt*
brauchen	need	*niehd*
nehmen	take	*tehk*
machen*	do	*du*
schlafen	sleep	*sliep*

🔱 Im Grammatikteil habe ich erwähnt, dass es einige unregelmässige Verben gibt. Diese sind zwei davon. "Er hat" ist nicht "he haves" sondern "he has" *(hie häs)*. Und er macht ist "he does" *(hie das)*. Aber keine Sorge, die meisten Verben bleiben wie sie sind (plus dem s) und bei den zwei Unregelmässigkeiten belassen wir es auch vorerst :)

Verben - Gefühle

Deutsch	Englisch	Aussprache
mögen	like	*leik*
lieben	love	*laff*
hassen	hate	*heht*
nicht mögen	dislike	*dissleik*
fühlen	feel	*viel*
geniessen	enjoy	*ändscheu*
feiern	party	*partie*
berühren	touch	*tatsch*
heiraten	marry	*merrie*
beten	pray	*preh*

Verben - Fortbewegung

Deutsch	Englisch	Aussprache
gehen	go	*go*
laufen	walk	*workk*
kommen	come	*kamm*
fahren	drive	*dreif*
fliegen	fly	*flei*
rennen	run	*rann*
reisen	travel	*träwel*
segeln	sail	*ssehl*
springen	jump	*dschamp*
kriechen	crawl	*krorl*

Verben - Kommunikation

Deutsch	Englisch	Aussprache
sprechen	speak	*sspiek*
reden	talk	*tork*
beschreiben	describe	*diskreib*
rufen	call	*korl*
schreien	scream	*skriem*
sich ausdrücken	express	*äxpress*
erläutern	explain	*äxplehn*
kommunizieren	communicate	*komm-juni-keht*
zu hören	listen	*lissen*
sich beschweren	complain	*komplehn*

Verben - im Haus

Deutsch	Englisch	Aussprache
wohnen	live	*liff*
kochen	cook	*kuck*
putzen	clean	*klien*
schlafen	sleep	*ssliep*
entspannen	relax	*rielex*
fernsehen	watch TV	*wotsch tie wie*
essen	eat	*iet*
trinken	drink	*drink*
schmecken	taste	*tehst*
reparieren	repair	*riepehr*

Verben - Hobby

Deutsch	Englisch	Aussprache
singen	sing	*sing*
tanzen	dance	*dahns*
schauspielen	act	*ekt*
trainieren	exercise	*exär-sseis*
joggen	running	*ranning*
schwimmen	swimming	*swimming*
spielen	play	*pleh*
skifahren	skiing	*skie-ing*
segeln	sailing	*ssehling*
radfahren	cycle	*sseikel*

Verben - Bildung

Deutsch	Englisch	Aussprache
wissen	know	*no*
lernen	learn	*lörn*
lehren	teach	*tietsch*
lesen	read	*ried*
schreiben	write	*reit*
rechnen	count	*kaunt*
buchstabieren	spell	*sspell*
lösen	solve	*solf*
übersetzen	translate	*tränsleht*
arbeiten	work	*wörk*

Adjektive 2

Deutsch	Englisch	Aussprache
hübsch	beautiful	*bjutiful*
hässlich	ugly	*agglie*
reich	rich	*ritsch*
arm	poor	*puhr*
teuer	expensive	*ixpenssif*
billig	cheap	*tschiep*
einsam	lonely	*lohnlie*
leise	silent	*sseilent*
laut	loud	*laud*
wütend	angry	*engrie*

Adjektive 3

Deutsch	Englisch	Aussprache
klein	small	*smorl*
gross	big	*bigg*
extra gross	large	*lardsch*
hoch	high	*hei*
niedrig	low	*loh*
weich	soft	*soft*
hart	hard	*hard*
sauber	clean	*kliehn*
dreckig	dirty	*dörtie*
eng	narrow	*nerroh*

Adjektive 4

Deutsch	Englisch	Aussprache
schnell	fast	*fahst*
langsam	slow	*sloh*
lecker	yummy	*jammie*
ekelig	disgusting	*disgassting*
wichtig	important	*importent*
langweilig	boring	*bohring*
verrückt	crazy	*kehsie*
müde	tired	*teiert*
wach	awake	*äwehk*
fremd	foreign	*vor-renn*

Adjektive 5

Deutsch	Englisch	Aussprache
flach	shallow	*schelloh*
tief	deep	*diep*
schwach	weak	*wiek*
stark	strong	*sstrong*
leicht	light	*leit*
schwer	heavy	*häwie*
hell	light	*leit*
dunkel	dark	*dark*
warm	warm	*worm*
kalt	cold	*kohlt*

Adjektive 6

Deutsch	Englisch	Aussprache
männlich	male	*mehl*
weiblich	female	*fiemehl*
kindlich	childish	*tscheildisch*
lebendig	alive	*äleif*
tot	dead	*dedd*
lang	long	*long*
kurz	short	*schort*
berühmt	famous	*fehmäs*
beliebt	popular	*pojuler*
unbeliebt	unpopular	*unpopjulär*

Begrüssung/Höflichkeit

Deutsch	Englisch	Aussprache
Guten Morgen	good morning	*gudd morning*
Guten Tag (Nachmittag)	good afternoon	*gudd afternuhn*
Guten Abend	good evening	*gudd iewening*
Gute Nacht	good night	*gudd neit*
Hallo	hello	*hällo*
Auf Wiedersehen	good bye	*gudd bei*
Tschüss	bye bye	*bei bei*
Entschuldigung	excuse me	*ix kjus mie*
Verzeihung	sorry	*sorrie*
Gern geschehen	my pleasure	*mei plescher*

Fragewörter

Deutsch	Englisch	Aussprache
Frage	question	*kwest-schen*
Wo	Where	*wer*
Wer	Who	*hu*
Wann	When	*wenn*
Wie	How	*hau*
Welche	Which	*witsch*
Wessen	Whose	*huhs*
Was	What	*wot*
Warum	Why	*wei*
Wem	Whom	*huhm*

Zahlen 1 - 10

Deutsch	Englisch	Aussprache
eins	one	*won*
zwei	two	*tu*
drei	three	*ssrie*
vier	four	*fohr*
fünf	five	*feif*
sechs	six	*six*
sieben	seven	*ssäwen*
acht	eight	*eht*
neun	nine	*nein*
zehn	ten	*ten*

Zahlen 11 - 20

Deutsch	Englisch	Aussprache
elf	eleven	*ieläwen*
zwölf	twelve	*twelf*
dreizehn	thirteen	*ssörtien*
vierzehn	fourteen	*fohrtien*
fünfzehn	fifteen	*fiftien*
sechzehn	sixteen	*sixtien*
siebzehn	seventeen	*ssäwentien*
achtzehn	eightteen	*ehttien*
neunzehn	nineteen	*neintien*
zwanzig	twenty	*twentie*

Und weitere Zahlen :)

Deutsch	Englisch	Aussprache
dreissig	thirty	*ssörtie*
vierzig	forty	*fohrtie*
fünfzig	fifty	*fiftie*
sechzig	sixty	*sixtie*
siebzig	seventy	*ssäwentie*
achtzig	eighty	*ehtie*
neunzig	ninety	*neintie*
hundert	one-hundred	*won-handret*
tausend	one-thousand	*won-ssausend*
million	million	*milljen*

Ordnungszahlen & Brüche

Deutsch	Englisch	Aussprache
erste(r/s)	first	*först*
zweite (r/s)	second	*ssäkend*
dritte (r/s)	third	*ssörd*
vierte (r/s)	fourth	*fors*
viertel	quarter	*qworter*
halb	half	*hahf*
ganz	full	*full*
ein achtel	one eighth	*won ehts*
zwei drittel	two thirds	*tu ssörds*
null	zero	*siero*

Uhrzeiten

Deutsch	Englisch	Aussprache
Uhrzeit	time	*teim*
Stunde	hour	*auer*
Minute	minute	*minnit*
Sekunde	second	*ssekkend*
Morgen	morning	*morning*
Mittag	noon	*nun*
Nachmittag	afternoon	*after-nun*
Abend	evening	*iewening*
Nacht	night	*neit*
Uhr	clock	*klock*

Zeitmessung

Deutsch	Englisch	Aussprache
Armbanduhr	watch	*wotsch*
später	later	*lehter*
früher	earlier	*örlier*
pünktlich	on time	*on teim*
Beginn	beginning	*beginning*
Start	start	*sstart*
Ende	end	*änd*
Stop	stop	*sstop*
beginnen	begin	*biegin*
beenden	finish	*finnisch*

Wochentage

Deutsch	Englisch	Aussprache
Wochentage	weekdays	*wiekdehs*
Montag	Monday	*mandeh*
Dienstag	Tuesday	*tjusdeh*
Mittwoch	Wednesday	*wends-deh*
Donnerstag	Thursday	*ssörsdeh*
Freitag	Friday	*freideh*
Samstag	Saturday	*ssetderdeh*
Sonntag	Sunday	*ssandeh*
heute	today	*tudeh*
morgen	tomorrow	*tumorroh*

Frühling und Sommer

Deutsch	Englisch	Aussprache
Frühling	Spring	*sspring*
März	March	*martsch*
April	April	*epril*
Mai	May	*meh*
Ostern	Easter	*iester*
Sommer	Summer	*ssammer*
Juni	June	*dschuhn*
Juli	July	*dschulei*
August	August	*orgest*
Ferien	holiday	*hollideh*

Herbst und Winter

Deutsch	Englisch	Aussprache
Herbst	Autumn (GB) Fall (US)	*ortem forl*
September	September	*sseptember*
Oktober	October	*oktober*
November	November	*November*
Winter	Winter	*winter*
Januar	January	*dschen-ju-erie*
Februar	February	*fäbru-erie*
Dezember	December	*diessember*
Weihnachten	Christmas	*krismäs*
Silvester	New Year	*nju yier*

Farben

Deutsch	Englisch	Aussprache
Farbe	colour	*kaller*
weiss	white	*weit*
schwarz	black	*bläck*
rot	red	*räd*
gelb	yellow	*jello*
grün	green	*grien*
blau	blue	*blu*
braun	brown	*braun*
dunkel	dark	*dark*
hell	light	*leit*

Formen

Deutsch	Englisch	Aussprache
Formen	shapes	*schehps*
rund	round	*raund*
oval	oval	*owel*
rechteckig	rectangular	*rek-täng-jular*
quadratisch	square	*skwer*
Kreis	circle	*ssirkel*
Linie	line	*lein*
Ecke	corner	*korner*
Kante	edge	*ädsch*
diagonal	diagonal	*dei-ägonel*

Masseinheiten

Deutsch	Englisch	Aussprache
Masseinheiten	measurement	*mäschörments*
Pfund	pound	*paund*
Kilo	kilo	*kilo*
Gramm	gramm	*grämm*
Liter	liter	*liter*
Meile	mile	*meil*
Kilometer	kilometer	*kilomieter*
Meter	meter	*mieter*
Centimeter	centimeter	*ssentimieter*
Millimeter	millimeter	*millimieter*

Mensch

Deutsch	Englisch	Aussprache
Mensch	human	*jumän*
Junge	boy	*beu*
Mädchen	girl	*görl*
Baby	baby	*behbie*
Kinder	children	*tschildren*
Schüler	pupil	*pjupil*
Student	student	*stjudent*
Angestellter	employee	*ämpleu-ie*
Renter	pensioner	*penschener*
Hausfrau	house wife	*haus weif*

Familie 1

Deutsch	Englisch	Aussprache
Familie	family	*femmillie*
Vater	father	*farser*
Mutter	mother	*masser*
Papa	dad	*däd*
Mama	mum	*mamm*
Tochter	daughter	*dorter*
Sohn	son	*ssan*
Oma	grandmother	*grändmasser*
Opa	grandfather	*grändfarser*
Enkelkind	grandchild	*gränd-tscheilt*

Familie 2

Deutsch	Englisch	Aussprache
Enkelkinder	grandchildren	*gränd-tschildren*
Bruder	brother	*brasser*
Schwester	sister	*sister*
Tante	aunt	*ahnt*
Onkel	uncle	*ankel*
Cousin	cousin	*kassin*
Freund	boyfriend	*beufränd*
Freundin	girlfriend	*girlfränd*
Freund/in (allg)	friend	*fränd*
Partner	partner	*partner*

Schule/Bildung

Deutsch	Englisch	Aussprache
Bildung	education	*edju-keh-schen*
Kinderkrippe	nursery	*nörsserie*
Kindergarten	kindergarden	*kindergarden*
Grundschule	primary school	*preimerie skuhl*
Realschule/ Gymnasium	High School	*hei skuhl*
Lehre	apprenticeship	*epprentis-schip*
Universität	university	*juniwersitie*
Abschluss	degree	*degrie*
Prüfung	exam	*exäm*
Beruf	profession	*profeschen*

Körper 1

Deutsch	Englisch	Aussprache
Körper	body	*boddie*
Kopf	head	*häd*
Haare	hair	*hehr*
Augen	eyes	*eis*
Nase	nose	*nohs*
Mund	mouth	*maus*
Ohren	ears	*iehrs*
Zunge	tongue	*tang*
Zähne	teeth	*tiess*
Lippen	lips	*lips*

Körper 2

Deutsch	Englisch	Aussprache
Rücken	back	*bäk*
Wirbelsäule	spine	*spein*
Bauch	stomach	*stomäck*
Arm	arm	*arm*
Schulter	shoulder	*scholder*
Hand	hand	*hend*
Finger	finger	*finger*
Fingernagel	finger nail	*finger nehl*
Herz	heart	*hart*
Organe	organs	*orgens*

Körper 3

Deutsch	Englisch	Aussprache
Haut	skin	*skin*
Blut	blood	*bladd*
Knochen	bones	*bohns*
Po	bottom	*bottem*
Geschlechtsteile	private parts	*preiwet parts*
Bein	leg	*legg*
Knie	knee	*nie*
Fuss	foot	*futt*
Zehen	toes	*tohs*
Gelenke	joints	*dscheunts*

Kleidung

Deutsch	Englisch	Aussprache
Kleidung	clothes	*klohs*
Hose	trousers	*trausers*
Rock	skirt	*skört*
Hemd	shirt	*schört*
Jacke	jacket	*dschekett*
Schuhe	shoes	*schuhs*
Socken	socks	*socks*
Unterwäsche	underwear	*anderwer*
Pullover	sweater	*swetter*
Kleid	jumper	*dschamper*

Gesundheit

Deutsch	Englisch	Aussprache
Gesundheit	health	*hellss*
Arzt	doctor	*doktor*
Krankenhaus	hospital	*hospitell*
Husten	cough	*koff*
Schmerz	pain	*pehn*
Bauch-schmerzen	stomach ache	*sstomeck ehk*
Kopfschmerzen	headache	*häd ehk*
Zahnschmerzen	tooth ache	*tuhs ehk*
Zahnarzt	dentist	*dentist*
Kranken-versicherung	medical insurance	*mädikel inschurens*

Notfall

Deutsch	Englisch	Aussprache
Notfall	emergency	*iemördschenssie*
Unfall	accident	*äkksiedent*
Krankenwagen	ambulance	*embjulens*
Polizei	police	*pohlies*
Feuerwehr	fire brigade	*feier briegeht*
Feuer	fire	*feier*
Gift	poison	*peusen*
Dieb	thief	*ssief*
Gefahr	danger	*dehnscher*
Hilfe	help	*help*

Gesellschaft

Deutsch	Englisch	Aussprache
Beziehung	relationship	*rieleschen-schip*
Ehe	marriage	*mehr-ridsch*
Hochzeit	wedding	*wedding*
Scheidung	divorce	*diewors*
Religion	religion	*relidschen*
Wissenschaft	science	*sseins*
Frieden	peace	*piess*
Krieg	war	*wor*
Gefängnis	prison	*prissen*
Wahl	election	*ielektschen*

Dokumente

Deutsch	Englisch	Aussprache
Dokumente	documents	*dokjumänts*
Pass	passport	*passport*
Ausweis	identity card	*eidentitie kard*
Botschaft	embassy	*embessie*
Formular	form	*form*
Antrag	application	*epplikehschen*
Unterschrift	signature	*ssik-netscher*
offiziell	official	*offischell*
Erlaubnis	permit	*pörmit*
Gericht	court	*kord*

Kommunikation

Deutsch	Englisch	Aussprache
Telefon	phone	*fohn*
Telefonnummer	phone number	*fohn namber*
Handy	mobile (GB) cell phone (US)	*mobeil ssell fohn*
Brief	letter	*letter*
eMail	email	*iemehl*
Computer	computer	*kommpjuter*
Adresse	address	*ädress*
Webseite	website	*webseit*
Worte	words	*wörds*
Buchstaben	letters	*letters*

Schreibwaren

Deutsch	Englisch	Aussprache
Stift	pen	*pänn*
Bleistift	pencil	*pännssil*
Farbstift	colouring pen	*kallering pänn*
Kugelschreiber	ball point pen	*borl peunt pänn*
Schreibpapier	paper	*pehper*
Radiergummi	rubber	*rabber*
Spitzer	pencil sharpener	*pännssil scharpener*
Ordner	folder	*fohlder*
Akte	file	*feil*
Linial	ruler	*ruhler*

Bücher und Zeitungen

Deutsch	Englisch	Aussprache
Buch	book	*bukk*
Zeitung	newspaper	*njus pehper*
Zeitschrift	magazine	*mägge-sinn*
Thema	topic	*toppick*
Seiten	pages	*peh-dsches*
Buchstabe	letter	*lätter*
Wort	word	*wörd*
Satz	sentence	*säntenss*
Geschichte	story	*sstorrie*
Seite	page	*pehdsch*

Sprachen

Deutsch	Englisch	Aussprache
Sprache	language	*leng-witsch*
Deutsch	German	*dschörmen*
Englisch	English	*inglisch*
Französisch	French	*fränsch*
Italienisch	Italian	*itellien*
Spanisch	Spanish	*sspennisch*
Chinesisch	Chinese	*tscheinies*
Japanisch	Japanese	*tschäppenies*
Griechisch	Greek	*griek*
Russisch	Russian	*raschen*

Länder

Deutsch	Englisch	Aussprache
Land	country	*kantrie*
Deutschland	Germany	*dschörmenie*
Österreich	Austria	*orstria*
Schweiz	Switzerland	*switzerlend*
England	England	*inglend*
Grossbritannien	Great Britain	*greht britten*
USA	USA	*Ju S E*
Australien	Australia	*australia*
Kanada	Canada	*kenn-ada*
Neuseeland	New Zealand	*Nju Sielend*

Orte

Deutsch	Englisch	Aussprache
Orte	locations	*lokeh-schens*
Stadt	town	*taun*
Grosstadt	city	*ssittie*
Dorf	village	*willetsch*
ländlicher Raum	countryside	*kantrie-sseit*
Küste	seaside	*ssie-sseit*
Stadtmitte	town centre	*taun center*
zu Hause	home	*hohm*
ländlich	rural	*ruhrel*
urban	urban	*örben*

Landschaften

Deutsch	Englisch	Aussprache
Landschaft	landscape	*lendskehp*
Wald	forest	*vorrest*
Ozean	ocean	*oh-schen*
Fluss	river	*riwer*
See	lake	*lehk*
Berge	mountains	*mauntens*
Hügel	hills	*hills*
Tal	valley	*welleh*
Feld	field	*field*
Wüste	desert	*dässert*

Gebäude

Deutsch	Englisch	Aussprache
Gebäude	buildings	*bildings*
Rathaus	townhall	*taunhorl*
Bahnhof	train station	*trehn ssteh-schen*
Flughafen	airport	*erport*
Schule	school	*skuhl*
Haus	house	*haus*
Wohnung	apartment	*appartment*
Hochhaus	skyscraper	*skei skrehper*
Brücke	bridge	*bridsch*
Parkhaus	car park	*kahrpark*

Haus

Deutsch	Englisch	Aussprache
Wand	wall	*worl*
Fenster	window	*windo*
Tür	door	*dohr*
Treppe	stairs	*stehrs*
Zimmer	rooms	*ruhms*
Wohnzimmer	living room	*liwing ruhm*
Badezimmer	bathroom	*bahs ruhm*
Schlafzimmer	bedroom	*bäd ruhm*
Küche	kitchen	*kitschen*
Dach	roof	*ruf*

Möbel

Deutsch	Englisch	Aussprache
Möbel	furniture	*förnitscher*
Tisch	table	*tehbel*
Stuhl	chair	*tschehr*
Sofa	sofa	*ssofa*
Sessel	armchair	*arm tschehr*
Bett	bed	*bäd*
Schreibtisch	desk	*desk*
Schrank	cupboard	*kapp bord*
Kommode	chest of drawers	*tschest of dror-rers*
Regal	shelf	*schelf*

Elektrogeräte

Deutsch	Englisch	Aussprache
Lampe	lamp	*lämp*
Fernseher	TV	*tie wie*
Radio	radio	*rehdio*
Herd	cooker	*kucker*
Backofen	oven	*owen*
Mikrowelle	microwave	*meikro wehf*
Staubsauger	hoover	*huwer*
Kühlschrank	fridge	*fridsch*
Gefrierschrank	freezer	*friesser*
Waschmaschine	washing machine	*wosching mäschien*

Geschäfte

Deutsch	Englisch	Aussprache
Supermarkt	supermarket	*supermarket*
Bäcker	bakery	*behkerie*
Metzger	butcher	*butscher*
Drogerie	pharmacy	*farmässie*
Schreibwaren-laden	stationary shop	*sstehschenerie schop*
Bank	bank	*bänk*
Bankautomat	cash machine	*käsch mäschien*
Post	post office	*pohst offis*
Reisebüro	travel agent	*träwel eh-dschent*
Spielzeugladen	toy shop	*teu schop*

Essen 1

Deutsch	Englisch	Aussprache
Essen	food	*fuhd*
Frühstück	breakfast	*bräkfest*
Mittagessen	lunch	*lansch*
Abendbrot	dinner	*dinner*
Brot	bread	*bräd*
Butter	butter	*batter*
Käse	cheese	*tschies*
Fleisch	meat	*miet*
Hühnchen	chicken	*tschikken*
Rindfleisch	beef	*bieff*

Essen 2

Deutsch	Englisch	Aussprache
Schweinefleisch	pork	*pork*
Wurst	sausage	*sossedsch*
Fisch	fish	*fisch*
Reis	rice	*reis*
Nudeln	pasta	*pasta*
Kartoffeln	potatoes	*poh-tee-tohs*
Zucker	sugar	*schuggar*
Marmelade	jam	*dschem*
Kuchen	cake	*kehk*
Schokoklade	chocolate	*tschokk-lett*

Gemüse

Deutsch	Englisch	Aussprache
Gemüse	vegetables	*wetschtebls*
Tomaten	tomato	*tomehto*
Gurken	cucumber	*kjukamber*
Salat	salad	*ssälled*
Brokkolie	broccoli	*brockolie*
Karotten	carrots	*kerätts*
Bohnen	beans	*biens*
Blumenkohl	cauliflower	*kolliflauer*
Kraut	cabbage	*kebbedsch*
Kräuter	herbs	*hörbs*

Obst

Deutsch	Englisch	Aussprache
Obst	fruit	*fruht*
Apfel	apple	*äppel*
Birne	pear	*per*
Erdbeere	strawberry	*sstror-berrie*
Himbeere	raspberry	*ras-berrie*
Blaubeere	blueberry	*blu-berrie*
Banane	banana	*banana*
Orange	orange	*orrendsch*
Kiwi	kiwi	*kiwi*
Trauben	grapes	*grehps*

Getränke

Deutsch	Englisch	Aussprache
Getränke	drinks	*drinks*
Tee	tea	*tie*
Kaffee	coffee	*koffeh*
Water	water	*worter*
Milch	milk	*milk*
Rotwein	red wine	*räd wein*
Weisswein	white wine	*weit wein*
Bier	beer	*bier*
Saft	juice	*dschuhs*
Süssgetränke	soft drinks	*ssoft drinks*

Restaurant

Deutsch	Englisch	Aussprache
Restaurant	restaurant	*restorrent*
Speisekarte	menu	*menju*
Speisen	dishes	*disches*
Vorspeise	starter	*starter*
Nachtisch	dessert	*diesört*
Tagesangebote	specials	*sspeschels*
Bestellung	order	*order*
Reservierung	reservation	*räserwehschen*
Rechnung	bill	*bill*
Trinkgeld	tip	*tip*

Geschirr und Besteck

Deutsch	Englisch	Aussprache
Geschirr	crockery	*krokkerie*
Besteck	cutlery	*kattlerie*
Teller	plate	*pleht*
Tasse	cup	*kapp*
Glas	glass	*glas*
Schüssel	bowl	*bohl*
Messer	knife	*neif*
Gabel	fork	*fork*
Löffel	spoon	*spuhn*
Teelöfel	tea spoon	*tie spuhn*

Reisevokabular

Deutsch	Englisch	Aussprache
reisen	travel	*träwel*
Visa	visa	*visa*
Reisebüro	travel agent	*träwel ehd-schent*
Mietwagen	hire car	*heier kar*
Touristen-information	tourist information	*turist informeh-schen*
Währung	currency	*körrenssie*
Wechselstube	money exchange	*mannie ex-tschehnsch*
Sehens-würdigkeiten	sights	*sseits*
Karte	map	*mäpp*
Postkarte	postcard	*pohst kart*

Reiseunterkunft

Deutsch	Englisch	Aussprache
Unterkunft	accommodation	*ek-komo-deh-schen*
Hotel	hotel	*hotel*
Pension	bed & breakfast	*bett end bräck-fest*
Camping	camping	*kemping*
Jugend-herberge	youth hostel	*juhss hostell*
Einzelzimmer	single room	*ssingel ruhm*
Doppelzimmer	double room	*dabbel ruhm*
Suite	suite	*swiet*
Dusche	shower	*schauer*
Abreise	check out	*tscheck aut*

Kunst und Kultur

Deutsch	Englisch	Aussprache
Kunst	art	*art*
Kultur	culture	*kaltscher*
Musik	music	*mjusik*
Film	film	*film*
Theater	theater	*ssie-ätter*
Musical	musical	*mjusikäll*
Tickets	tickets	*tickets*
Ausstellung	exhibition	*äxie-bischen*
Museum	museum	*mjusie-em*
Kino	cinema	*ssinnema*

Richtungen

Deutsch	Englisch	Aussprache
Richtungen	directions	*deirektschens*
Osten	East	*iest*
Westen	West	*west*
Norden	North	*norss*
Süden	South	*ssauss*
links	left	*left*
rechts	right	*reit*
geradeaus	straight ahead	*sstreht ehäd*
gegenüber	across	*äkross*
neben	next	*next*

Transport

Deutsch	Englisch	Aussprache
Transport	transport	*transport*
Auto	car	*kar*
Flugzeug	plane	*plehn*
Fahrrad	bicycle	*bei-ssikle*
Bus	bus	*bass*
Zug	train	*trehn*
Boot	boat	*boot*
Strassenbahn	tram	*tremm*
U-Bahn	underground	*andergraund*
Motorrad	motorbike	*motorbeik*

Pflanzen

Deutsch	Englisch	Aussprache
Pflanze	plant	*plahnt*
Baum	tree	*trie*
Nadelbaum	needle tree	*niedel trie*
Palme	palm tree	*porlm trie*
Blume	flower	*flauer*
Grass	grass	*grass*
Busch	bush	*busch*
Blätter	leaves	*liefs*
Samen	seed	*ssied*
Wurzel	root	*ruht*

Haustiere

Deutsch	Englisch	Aussprache
Tier	animal	*änimels*
Kuh	cow	*kau*
Hund	dog	*dog*
Katze	cat	*kätt*
Maus	mouse	*maus*
Pferd	horse	*hors*
Hase	rabbit	*rebbit*
Schwein	pig	*pig*
Fisch	fish	*fisch*
Vogel	bird	*börd*

Wilde Tiere

Deutsch	Englisch	Aussprache
Löwe	lion	*lei-en*
Tiger	tiger	*teiger*
Elephant	elephant	*älle-fänt*
Bär	bear	*bär*
Giraffe	giraffe	*dschie-rahf*
Affe	monkey	*mankie*
Schlange	snake	*snehk*
Hai	shark	*schark*
Delphin	dolphin	*dollfin*
Wal	whale	*wehl*

Materialien

Deutsch	Englisch	Aussprache
Materialien	materials	*mettieriels*
Holz	wood	*wudd*
Stein	stone	*sstohn*
Eisen	iron	*eien*
Gold	gold	*gohld*
Silber	silver	*ssilver*
Glas	glass	*glass*
Metall	metal	*mettel*
Papier	paper	*pehper*
Plastik	plastic	*plästik*

Universum

Deutsch	Englisch	Aussprache
Sonne	sun	*ssann*
Mond	moon	*muhn*
Stern	star	*sstar*
Weltall	space	*sspehs*
Erde	earth	*öhrs*
Planet	planet	*plänät*
Himmel	sky	*skei*
Himmel (rel.)	heaven	*häwen*
Land	land	*länd*
Meer	ocean	*oh-schen*

Konjunktionen

Deutsch	Englisch	Aussprache
und	and	*änd*
aber	but	*batt*
oder	or	*or*
entweder	either	*iesser*
weder	neither	*nieser*
jedoch	however	*hau-äwer*
weil	because	*biekohrs*
als, wie	as	*es*
wenn	if	*if*
obwohl	although	*orlssoh*

i-Tüpfel

Was macht eine Sprache schön?

Wow, das waren eine ganze Menge Listen oder? Wenn Du gut dran geblieben bist, sollest Du einen guten englischen Basiswortschatz haben. Aber es gibt ja noch eine Kleinigkeit, die eine Sprache erst so richtig schön und fliessend macht. Präpositionen! Oh ja, die guten alten Verhältniswörter. Ich muss zugeben, dass ich bei der richtigen Anwendung dieser am Anfang auch Probleme hatte, da sie nicht unmittelbar wie im Deutschen verwendet werden. Zum Beispiel "Ich esse zu Hause" ist nicht "I eat to home", sondern "I eat at home". Wenn Du aber "at" im Wörterbuch nachschaust, dann kommt zuerst "an, auf, in". Bei "to" hingegen kommt gleich "zu". Verwirrend oder? Um Dir die ganze Sache zu erleichtern, habe ich versucht, die wichtigsten Präpositionen verschiedenen Fragwörtern zu zuordnen.

Präpositionen mit "Wann?"

in x Tagen oder Monat oder Jahr: **in** *(in)*
Beispiel: In 2 days. My birthday is in May.

an einem bestimmten Tag: **on** *(on)*
Beispiel: My birthday is on Sunday.

bestimmte Zeiten: **at** *(in)*
Beispiel: I eat at 8' o clock.

Präpositionen mit "Wo?"

etwas oder jemand: **in** *(in)*
Beispiel: He is in the house. The shirt is in the cupboard.

an bestimmten Standorten: **at** *(at)*
Beispiel: She is at school. I am at home.

auf Oberflächen: **on** *(on)*
Beispiel: The book is on the table.

Präpositionen mit "Wohin?"

Bewegung zum Ziel: **to** *(tu)*
Beispiel: I will go to the supermarket.

Bewegung weg vom Standort: **from** *(fromm)*
Beispiel: I will drive from home.

Bewegung nach drinnern: **into** *(intu)*
Beispiel: I will go into the house.

Ich könnte noch weit aus mehr Präpositionen mit Fragewörtern auflisten, aber das würde den Rahmen und Sinn des Buches sprengen. Ein paar weitere Präpositionen habe ich auf der nächsten Seite aufgeführt. Falls Dich das Thema aber interessiert, dann schau bitte auch meiner Webseite vorbei, da ich am überlegen bin, ein einfaches englisches Grammatikbuch zu schreiben. Bei Interesse bitte melden :)

Weitere Präpositionen

Deutsch	Englisch	Aussprache
für	for	*for*
nach	after	*after*
bis	by	*bei*
durch	through	*ssruh*
hoch	up	*ap*
runter	down	*daun*
gegen	against	*egenst*
ohne	without	*wissaut*
mit	with	*wiss*
neben	next to	*next tu*

Zugabe

One for the road ;)

Genau wie in der deutschen Sprache, gibt es auch im Englischen ein paar Redewendungen, die übersetzt nicht so viel Sinn ergeben aber umgangssprachlich so oft benutzt werden, dass man sie einfach wissen sollte. Hier sind die Wichtigsten:

Wie geht es Dir?
How are you?
Hau ar ju?

Nett, Dich kennenzulernen.
Nice to meet you.
Neiss tu miet ju.

Bis bald!
See you!
Ssie ju!

Pass auf Dich auf!
Take care!
Tehk kehr!

Bis später!
See you later!
Ssie ju lehter!

The End!

Ich hoffe, Du hattest viel Spass mit dem Buch und auch fleissig Vokabeln gelernt. Wenn dem so ist, dann kannst Du jetzt locker einem englischen Gespräch folgen oder eine englische Geschichte lesen. Was Du glaubst mir nicht? Dann schau schnell auf meiner Webseite nach, da gibt es einige Hörbeispiele, Geschichten und Tests. Du kannst Dich auch für den Newsletter anmelden und lernst so noch weitere interessante Wörter und vieles mehr: www.englischsupereinfach.com

Auflösung Test Seite 20:

Meine Name ist ...
My name is ...
Mei nehm is ...

Ich bin glücklich.
I am happy.
Ei em häppie.

Der Mann ist alt
The man is old.
Sä männ is ohld.

Ein nettes Kind.
A nice child.
Eh neiss tscheild.

Wörterbuch Deutsch - Englisch

Deutsch	Englisch	Aussprache
Abend	evening	*iewening*
Abendbrot	dinner	*dinner*
aber	but	*batt*
Abreise	check out	*tscheck aut*
Abschluss	degree	*degrie*
acht	eight	*eht*
achtzehn	eightteen	*ehttien*
achtzig	eighty	*ehtie*
Adresse	address	*ädress*
Affe	monkey	*mankie*
Akte	file	*feil*
als, wie	as	*es*
alt	old	*ohld*
Angestellter	employee	*ämpleu-ie*
Antrag	application	*epplikehschen*
Apfel	apple	*äppel*
April	April	*epril*
arbeiten	work	*wörk*
Arm	arm	*arm*
arm	poor	*puhr*
Armbanduhr	watch	*wotsch*
Arzt	doctor	*doktor*
Augen	eyes	*eis*
August	August	*orgest*
Ausstellung	exhibition	*äxie-bischen*
Australien	Australia	*australia*
Ausweis	identity card	*eidentitie kard*
Auto	car	*kar*
Baby	baby	*behbie*
Bäcker	bakery	*behkerie*
Backofen	oven	*owen*
Badezimmer	bathroom	*bahs ruhm*

Bahnhof	train station	*trehn ssteh-schen*
Banane	banana	*banana*
Bank	bank	*bänk*
Bankautomat	cash machine	*käsch mäschien*
Bär	bear	*bär*
Bauch	stomach	*stomäck*
Bauchschmerzen	stomach ache	*sstomeck ehk*
Baum	tree	*trie*
beenden	finish	*finnisch*
Beginn	beginning	*beginning*
beginnen	begin	*biegin*
Bein	leg	*legg*
beliebt	popular	*pojuler*
Berge	mountains	*mauntens*
Beruf	profession	*profeschen*
berühmt	famous	*fehmäs*
berühren	touch	*tatsch*
beschreiben	describe	*diskreib*
Besteck	cutlery	*kattlerie*
Bestellung	order	*order*
beten	pray	*preh*
Bett	bed	*bäd*
Beziehung	relationship	*rieleschen-schip*
Bier	beer	*bier*
Bildung	education	*edju-keh-schen*
billig	cheap	*tschiep*
Birne	pear	*per*
bis	by	*bei*
bis	by	*bei*
Bitte	please	*pliehs*
Bitte	please	*pliehs*
Blätter	leaves	*liefs*
blau	blue	*blu*
Blaubeere	blueberry	*blu-berrie*
Bleistift	pencil	*pännssil*
Blume	flower	*flauer*
Blumenkohl	cauliflower	*kolliflauer*
Blut	blood	*bladd*
Bohnen	beans	*biens*
Boot	boat	*boot*

Botschaft	embassy	*embessie*
brauchen	need	*niehd*
braun	brown	*braun*
Brief	letter	*letter*
Brokkolie	broccoli	*brockolie*
Brot	bread	*bräd*
Brücke	bridge	*bridsch*
Bruder	brother	*brasser*
Buch	book	*bukk*
Buchstabe	letter	*lätter*
Buchstaben	letters	*letters*
buchstabieren	spell	*sspell*
Bus	bus	*bass*
Busch	bush	*busch*
Butter	butter	*batter*
Camping	camping	*kemping*
Centimeter	centimeter	*ssentimieter*
Chinesisch	Chinese	*tscheinies*
Computer	computer	*kommpjuter*
Cousin	cousin	*kassin*
Dach	roof	*ruf*
Danke	thanks	*ssänks*
Danke	thank you	*ssänk ju*
Delphin	dolphin	*dollfin*
der/die/das	the	*tsä*
Deutsch	German	*dschörmen*
Deutschland	Germany	*dschörmenie*
Dezember	December	*diessember*
diagonal	diagonal	*dei-ägonel*
Dieb	thief	*ssief*
Dienstag	Tuesday	*tjusdeh*
Dokumente	documents	*dokjumänts*
Donnerstag	Thursday	*ssörsdeh*
Doppelzimmer	double room	*dabbel ruhm*
Dorf	village	*willetsch*
dreckig	dirty	*dörtie*
drei	three	*ssrie*
dreizehn	thirteen	*ssörtien*
dreizig	thirty	*ssörtie*
dritte (r/s)	third	*ssörd*

Drogerie	pharmacy	*farmässie*
dunkel	dark	*dark*
dunkel	dark	*dark*
durch	through	*ssruh*
durch	through	*ssruh*
Dusche	shower	*schauer*
Ecke	corner	*korner*
Ehe	marriage	*mehr-ridsch*
ein achtel	one eighth	*won ehts*
ein/eine	a	*eh*
eins	one	*won*
einsam	lonely	*lohnlie*
Einzelzimmer	single room	*ssingel ruhm*
Eisen	iron	*eien*
ekelig	disgusting	*disgassting*
Elephant	elephant	*älle-fänt*
elf	eleven	*ieläwen*
eMail	email	*iemehl*
Ende	end	*änd*
eng	narrow	*nerroh*
England	England	*inglend*
Englisch	English	*inglisch*
Enkelkind	grandchild	*gränd-tscheilt*
Enkelkinder	grandchildren	*gränd-tschildren*
Entschuldigung	excuse me	*ix kjus mie*
entspannen	relax	*rielex*
entweder	either	*iesser*
Erdbeere	strawberry	*sstror-berrie*
Erde	earth	*öhrs*
Erlaubnis	permit	*pörmit*
erläutern	explain	*äxplehn*
erste(r/s)	first	*först*
Essen	food	*fuhd*
essen	eat	*iet*
extra gross	large	*lardsch*
fahren	drive	*dreif*
Fahrrad	bicycle	*bei-ssikle*
Familie	family	*femmillie*
Farbe	colour	*kaller*
Farbstift	colouring pen	*kallering pänn*

Februar	February	*fäbru-erie*
feiern	party	*partie*
Feld	field	*field*
Fenster	window	*windo*
Ferien	holiday	*hollideh*
fernsehen	watch TV	*wotsch tie wie*
Fernseher	TV	*tie wie*
Feuer	fire	*feier*
Feuerwehr	fire brigade	*feier briegeht*
fiftie	fifty	*fiftie*
Film	film	*film*
Finger	finger	*finger*
Fingernagel	finger nail	*finger nehl*
Fisch	fish	*fisch*
flach	shallow	*schelloh*
Fleisch	meat	*miet*
fliegen	fly	*flei*
Flughafen	airport	*erport*
Flugzeug	plane	*plehn*
Fluss	river	*riwer*
Formen	shapes	*schehps*
Formular	form	*form*
Frage	question	*kwest-schen*
Französisch	French	*fränsch*
Frau	woman	*wumänn*
Freitag	Friday	*freideh*
fremd	foreign	*vor-renn*
Freund	boyfriend	*beufränd*
Freund/in (allg)	friend	*fränd*
Freundin	girlfriend	*girlfränd*
Frieden	peace	*piess*
früher	earlier	*örlier*
Frühling	Spring	*sspring*
Frühstück	breakfast	*bräkfest*
fühlen	feel	*viel*
fünf	five	*feif*
fünfzehn	fifteen	*fiftien*
für	for	*fohr*
Fuss	foot	*futt*
Gabel	fork	*fork*

ganz	full	*full*
Gebäude	buildings	*bildings*
geben	give	*giff*
Gefahr	danger	*dehnscher*
Gefängnis	prison	*prissen*
Gefrierschrank	freezer	*friesser*
gegen	against	*egenst*
gegenüber	across	*äkross*
gehen	go	*go*
gelb	yellow	*jello*
Gelenke	joints	*dscheunts*
Gemüse	vegetables	*wetschtebls*
geniessen	enjoy	*ändscheu*
geradeaus	straight ahead	*sstreht ehäd*
Gericht	court	*kord*
Geschichte	story	*sstorrie*
Geschirr	crockery	*krokkerie*
Geschlechtsteile	private parts	*preiwet parts*
Gesundheit	health	*hellss*
Getränke	drinks	*drinks*
Gift	poison	*peusen*
Giraffe	giraffe	*dschie-rahf*
Glas	glass	*glass*
Glas	glass	*glas*
glücklich	happy	*häppie*
Gold	gold	*gohld*
Gramm	gramm	*grämm*
Grass	grass	*grass*
Griechisch	Greek	*griek*
gross	big	*bigg*
Grossbritannien	Great Britain	*greht britten*
Grosstadt	city	*ssittie*
grün	green	*grien*
Grundschule	primary school	*preimerie skuhl*
Gurken	cucumber	*kjukamber*
gut	good	*gudd*
Haare	hair	*hehr*
haben	have	*häf*
Hai	shark	*schark*
halb	half	*hahf*

Hallo	hello	*hällo*
Hand	hand	*hend*
Handy	mobile (GB) cell (US)	*mobeil ssell fohn*
hart	hard	*hard*
Hase	rabbit	*rebbit*
hassen	hate	*heht*
hässlich	ugly	*agglie*
Haus	house	*haus*
Hausfrau	house wife	*haus weif*
Haut	skin	*skin*
heiraten	marry	*merrie*
heiss	hot	*hott*
hell	light	*leit*
Hemd	shirt	*schört*
Herbst	Autumn (GB) Fall (US)	*ortem forl*
Herd	cooker	*kucker*
Herz	heart	*hart*
heute	today	*tudeh*
Hilfe	help	*help*
Himbeere	raspberry	*ras-berrie*
Himmel	sky	*skei*
Himmel (rel.)	heaven	*häwen*
hoch	high	*hei*
hoch	up	*ap*
Hochhaus	skyscraper	*skei skrehper*
Hochzeit	wedding	*wedding*
Holz	wood	*wudd*
Hose	trousers	*trausers*
Hotel	hotel	*hotel*
hübsch	beautiful	*bjutiful*
Hügel	hills	*hills*
Hühnchen	chicken	*tschikken*
Hund	dog	*dog*
hundert	one-hundred	*won-handret*
Husten	cough	*koff*
ist	is	*is*
Italienisch	Italian	*itellien*
Ja	yes	*jess*
Jacke	jacket	*dschekett*
Januar	January	*dschen-ju-erie*

Japanisch	Japanese	tschäppenies
jedoch	however	hau-äwer
joggen	running	ranning
Jugendherberge	youth hostel	juhss hostell
Juli	July	dschulei
jung	young	jang
Junge	boy	beu
Juni	June	dschuhn
Kaffee	coffee	koffeh
kalt	cold	kohlt
kalt	cold	kohlt
Kanada	Canada	kenn-ada
Kante	edge	ädsch
Karotten	carrots	kerätts
Karte	map	mäpp
Kartoffeln	potatoes	poh-tee-tohs
Käse	cheese	tschies
Katze	cat	kätt
Kilo	kilo	kilo
Kilometer	kilometer	kilomieter
Kind	child	tscheild
Kinder	children	tschildren
Kindergarten	kindergarden	kindergarden
Kinderkrippe	nursery	nörsserie
kindlich	childish	tscheildisch
Kino	cinema	ssinnema
Kiwi	kiwi	kiwi
Kleid	jumper	dschamper
Kleidung	clothes	klohs
klein	small	smorl
Knie	knee	nie
Knochen	bones	bohns
kochen	cook	kuck
kommen	come	kamm
Kommode	chest of drawers	tschest of dror-rers
kommunizieren	communicate	komm-juni-keht
können	can	kenn
Kopf	head	häd
Kopfschmerzen	headache	häd ehk
Körper	body	boddie

Krankenversicherung	medical insurance	*mädikel inschurens*
Krankenhaus	hospital	*hospitell*
Krankenwagen	ambulance	*embjulens*
Kraut	cabbage	*kebbedsch*
Kräuter	herbs	*hörbs*
Kreis	circle	*ssirkel*
kriechen	crawl	*krorl*
Krieg	war	*wor*
Küche	kitchen	*kitschen*
Kuchen	cake	*kehk*
Kugelschreiber	ball point pen	*borl peunt pänn*
Kuh	cow	*kau*
Kühlschrank	fridge	*fridsch*
Kultur	culture	*kaltscher*
Kunst	art	*art*
kurz	short	*schort*
Küste	seaside	*ssie-sseit*
Lampe	lamp	*lämp*
Land	land	*länd*
Land	country	*kantrie*
ländlich	rural	*ruhrel*
ländlicher Raum	countryside	*kantrie-sseit*
Landschaft	landscape	*lendskehp*
lang	long	*long*
langsam	slow	*sloh*
langweilig	boring	*bohring*
laufen	walk	*workk*
laut	loud	*laud*
lebendig	alive	*äleif*
lecker	yummy	*jammie*
Lehre	apprenticeship	*epprentis-schip*
lehren	teach	*tietsch*
leicht	light	*leit*
leise	silent	*sseilent*
lernen	learn	*lörn*
lesen	read	*ried*
lieben	love	*laff*
Linial	ruler	*ruhler*
Linie	line	*lein*
links	left	*left*

Lippen	lips	*lips*
Liter	liter	*liter*
Löffel	spoon	*spuhn*
lösen	solve	*solf*
Löwe	lion	*lei-en*
machen*	do	*du*
Mädchen	girl	*görl*
Mai	May	*meh*
Mama	mum	*mamm*
Mann	man	*männ*
männlich	male	*mehl*
Marmelade	jam	*dschem*
März	March	*martsch*
Masseinheiten	measurement	*mäschörments*
Materialien	materials	*mettieriels*
Maus	mouse	*maus*
Meer	ocean	*oh-schen*
Meile	mile	*meil*
Mensch	human	*jumän*
Messer	knife	*neif*
Metall	metal	*mettel*
Meter	meter	*mieter*
Metzger	butcher	*butscher*
Mietwagen	hire car	*heier kar*
Mikrowelle	microwave	*meikro wehf*
Milch	milk	*milk*
Millimeter	millimeter	*millimieter*
million	million	*milljen*
Minute	minute	*minnit*
mit	with	*wiss*
Mittag	noon	*nun*
Mittagessen	lunch	*lansch*
Mittwoch	Wednesday	*wends-deh*
Möbel	furniture	*förnitscher*
mögen	like	*leik*
Mond	moon	*muhn*
Montag	Monday	*mandeh*
morgen	tomorrow	*tumorroh*
Morgen	morning	*morning*
Morgen	morning	*morning*

Motorrad	motorbike	*motorbeik*
müde	tired	*teiert*
Mund	mouth	*maus*
Museum	museum	*mjusie-em*
Musical	musical	*mjusikäll*
Musik	music	*mjusik*
Mutter	mother	*masser*
nach	after	*after*
Nachmittag	afternoon	*after-nun*
Nachmittag	afternoon	*afternuhn*
Nacht	night	*neit*
Nachtisch	dessert	*diesört*
Nadelbaum	needle tree	*niedel trie*
Name	name	*nehm*
Nase	nose	*nohs*
neben	next	*next*
neben	next to	*next tu*
nehmen	take	*tehk*
Nein	no	*noh*
nett	nice	*neis*
neu	new	*nju*
neun	nine	*nein*
neunzehn	nineteen	*neintien*
neunzig	ninety	*neintie*
Neuseeland	New Zealand	*Nju Sielend*
nicht mögen	dislike	*dissleik*
niedrig	low	*loh*
Norden	North	*norss*
Notfall	emergency	*iemördschenssie*
November	November	*November*
Nudeln	pasta	*pasta*
null	zero	*siero*
Obst	fruit	*fruht*
obwohl	although	*orlssoh*
oder	or	*or*
offiziell	official	*offischell*
ohne	without	*wissaut*
Ohren	ears	*iehrs*
Oktober	October	*oktober*
Oma	grandmother	*grändmasser*

Onkel	uncle	*ankel*
Opa	grandfather	*grändfarser*
Orange	orange	*orrendsch*
Ordner	folder	*fohlder*
Organe	organs	*orgens*
Orte	locations	*lokeh-schens*
Osten	East	*iest*
Ostern	Easter	*iester*
Österreich	Austria	*orstria*
oval	oval	*owel*
Ozean	ocean	*oh-schen*
Palme	palm tree	*porlm trie*
Papa	dad	*däd*
Papier	paper	*pehper*
Parkhaus	car park	*kahrpark*
Partner	partner	*partner*
Pass	passport	*passport*
Pension	bed & breakfast	*bett end bräckfest*
Pferd	horse	*hors*
Pflanze	plant	*plahnt*
Pfund	pound	*paund*
Planet	planet	*plänät*
Plastik	plastic	*plästik*
Po	bottom	*bottem*
Polizei	police	*pohlies*
Post	post office	*pohst offis*
Postkarte	postcard	*pohst kart*
Prüfung	exam	*exäm*
Pullover	sweater	*swetter*
pünktlich	on time	*on teim*
putzen	clean	*klien*
quadratisch	square	*skwer*
radfahren	cycle	*sseikel*
Radiergummi	rubber	*rabber*
Radio	radio	*rehdio*
Rathaus	townhall	*taunhorl*
Realschule/ Gymnasium	High School	*hei skuhl*
rechnen	count	*kaunt*
Rechnung	bill	*bill*
rechteckig	rectangular	*rek-täng-jular*

rechts	right	*reit*
reden	talk	*tork*
Regal	shelf	*schelf*
reich	rich	*ritsch*
Reis	rice	*reis*
Reisebüro	travel agent	*träwel ehdschent*
reisen	travel	*träwel*
Religion	religion	*relidschen*
rennen	run	*rann*
Renter	pensioner	*penschener*
reparieren	repair	*riepehr*
Reservierung	reservation	*räserwehschen*
Restaurant	restaurant	*restorrent*
Richtungen	directions	*deirektschens*
Rindfleisch	beef	*bieff*
Rock	skirt	*skört*
rot	red	*räd*
Rotwein	red wine	*räd wein*
Rücken	back	*bäk*
rufen	call	*korl*
rund	round	*raund*
runter	down	*daun*
Russisch	Russian	*raschen*
Saft	juice	*dschuhs*
Salat	salad	*ssälled*
Samen	seed	*ssied*
Samstag	Saturday	*ssetderdeh*
Satz	sentence	*säntenss*
sauber	clean	*kliehn*
schauspielen	act	*ekt*
Scheidung	divorce	*diewors*
schlafen	sleep	*ssliep*
schlafen	sleep	*sliep*
Schlafzimmer	bedroom	*bäd ruhm*
Schlange	snake	*snehk*
schlecht	bad	*bäd*
schmecken	taste	*tehst*
Schmerz	pain	*pehn*
schnell	fast	*fahst*
Schokoklade	chocolate	*tschokk-lett*

Schrank	cupboard	*kapp bord*
schreiben	write	*reit*
Schreibtisch	desk	*desk*
Schreibwarenladen	stationary shop	*sstehschenerie schop*
schreien	scream	*skriem*
Schuhe	shoes	*schuhs*
Schule	school	*skuhl*
Schüler	pupil	*pjupil*
Schulter	shoulder	*scholder*
Schüssel	bowl	*bohl*
schwach	weak	*wiek*
schwarz	black	*bläck*
Schwein	pig	*pig*
Schweinefleisch	pork	*pork*
Schweiz	Switzerland	*switzerlend*
schwer	heavy	*häwie*
Schwester	sister	*sister*
schwimmen	swimming	*swimming*
sechs	six	*six*
sechzehn	sixteen	*sixtien*
sechzig	sixty	*sixtie*
See	lake	*lehk*
segeln	sailing	*ssehling*
segeln	sail	*ssehl*
Sehenswürdigkeiten	sights	*sseits*
sein	be	*bie*
Seite	page	*pehdsch*
Seiten	pages	*peh-dsches*
Sekunde	second	*ssekkend*
September	September	*sseptember*
Sessel	armchair	*arm tschehr*
sieben	seven	*ssäwen*
siebzehn	seventeen	*ssäwentien*
siebzig	seventy	*ssäwentie*
Silber	silver	*ssilver*
Silvester	New Year	*nju yier*
sind	are	*ar*
singen	sing	*sing*
sitzen	sit	*ssitt*
skifahren	skiing	*skie-ing*

Socken	socks	*socks*
Sofa	sofa	*ssofa*
Sohn	son	*ssan*
Sommer	Summer	*ssammer*
Sonne	sun	*ssann*
Sonntag	Sunday	*ssandeh*
Spanisch	Spanish	*sspennisch*
später	later	*lehter*
Speisekarte	menu	*menju*
Speisen	dishes	*disches*
spielen	play	*pleh*
Spielzeugladen	toy shop	*teu schop*
Spitzer	pencil sharpener	*pännssil scharpener*
Sprache	language	*leng-witsch*
sprechen	speak	*sspiek*
springen	jump	*dschamp*
Stadt	town	*taun*
Stadtmitte	town centre	*taun center*
stark	strong	*sstrong*
Start	start	*sstart*
Staubsauger	hoover	*huwer*
Stein	stone	*sstohn*
Stern	star	*sstar*
Stift	pen	*pänn*
Stop	stop	*sstop*
Strassenbahn	tram	*tremm*
Student	student	*stjudent*
Stuhl	chair	*tschehr*
Stunde	hour	*auer*
Süden	South	*ssauss*
Suite	suite	*swiet*
Supermarkt	supermarket	*ssupermarket*
Süssgetränke	soft drinks	*ssoft drinks*
Tag	day	*deh*
Tagesangebote	specials	*sspeschels*
Tal	valley	*welleh*
Tante	aunt	*ahnt*
tanzen	dance	*dahns*
Tasse	cup	*kapp*
tausend	one-thousand	*won-ssausend*

Tee	tea	*tie*
Teelöfel	tea spoon	*tie spuhn*
Telefon	phone	*fohn*
Telefonnummer	phone number	*fohn namber*
Teller	plate	*pleht*
teuer	expensive	*ixpenssif*
Theater	theater	*ssie-ätter*
Thema	topic	*toppick*
Tickets	tickets	*tickets*
tief	deep	*diep*
Tier	animal	*änimels*
Tiger	tiger	*teiger*
Tisch	table	*tehbel*
Tochter	daughter	*dorter*
Tomaten	tomato	*tomehto*
tot	dead	*dedd*
Touristen-	tourist	*turist*
information	information	*informeh-schen*
trainieren	exercise	*exär-sseis*
Transport	transport	*transport*
Trauben	grapes	*grehps*
traurig	sad	*ssäd*
Treppe	stairs	*stehrs*
trinken	drink	*drink*
Trinkgeld	tip	*tip*
Tschüss	bye bye	*bei bei*
Tür	door	*dohr*
U-Bahn	underground	*andergraund*
übersetzen	translate	*tränsleht*
Uhr	clock	*klock*
Uhrzeit	time	*teim*
unbeliebt	unpopular	*unpopjulär*
und	and	*änd*
Unfall	accident	*äkksiedent*
Universität	university	*juniwersitie*
Unterkunft	accommodation	*ek-komodeh-schen*
Unterschrift	signature	*ssik-netscher*
Unterwäsche	underwear	*anderwer*
urban	urban	*örben*
USA	USA	*Ju S E*

Vater	father	*farser*
verrückt	crazy	*kehsie*
Verzeihung	sorry	*sorrie*
vier	four	*fohr*
vierte (r/s)	fourth	*fors*
viertel	quarter	*qworter*
vierzehn	fourteen	*fohrtien*
vierzig	forty	*fohrtie*
Visa	visa	*visa*
Vogel	bird	*börd*
Vorspeise	starter	*starter*
wach	awake	*äwehk*
Wahl	election	*ielektschen*
Währung	currency	*körrenssie*
Wal	whale	*wehl*
Wald	forest	*vorrest*
Wand	wall	*worl*
Wann	When	*wenn*
war	was	*woss*
waren	were	*wör*
warm	warm	*worm*
Warum	Why	*wei*
Was	What	*wot*
Waschmaschine	washing machine	*wosching mäschien*
Water	water	*worter*
Webseite	website	*webseit*
Wechselstube	money exchange	*mannie ex-tschehnsch*
weder	neither	*nieser*
weiblich	female	*fiemehl*
weich	soft	*soft*
Weihnachten	Christmas	*krismäs*
weil	because	*biekohrs*
weiss	white	*weit*
Weisswein	white wine	*weit wein*
Welche	Which	*witsch*
Weltall	space	*sspehs*
Wem	Whom	*huhm*
wenn	if	*if*
Wer	Who	*hu*
Wessen	Whose	*huhs*

Westen	West	west
wichtig	important	importent
Wie	How	hau
Winter	Winter	winter
Wirbelsäule	spine	spein
wissen	know	no
Wissenschaft	science	sseins
Wo	Where	wer
Wochentage	weekdays	wiekdehs
wohnen	live	liff
Wohnung	apartment	appartment
Wohnzimmer	living room	liwing ruhm
Wort	word	wörd
Worte	words	wörds
Wurst	sausage	sossedsch
Wurzel	root	ruht
Wüste	desert	dässert
wütend	angry	engrie
Zahnarzt	dentist	dentist
Zähne	teeth	tiess
Zahnschmerzen	tooth ache	tuhs ehk
Zehen	toes	tohs
zehn	ten	ten
Zeitschrift	magazine	mägge-sinn
Zeitung	newspaper	njus pehper
Zimmer	rooms	ruhms
zu Hause	home	hohm
zu hören	listen	lissen
Zucker	sugar	schuggar
Zug	train	trehn
Zunge	tongue	tang
zwanzig	twenty	twentie
zwei	two	tu
zwei drittel	two thirds	tu ssörds
zweite (r/s)	second	ssäkend
zwölf	twelve	twelf

Wörterbuch Englisch - Deutsch

Englisch	Deutsch	Aussprache
a	ein/eine	*eh*
accident	Unfall	*äkksiedent*
accommodation	Unterkunft	*ek-komodeh-schen*
across	gegenüber	*äkross*
act	schauspielen	*ekt*
address	Adresse	*ädress*
after	nach	*after*
afternoon	Nachmittag	*after-nun*
afternoon	Nachmittag	*afternuhn*
against	gegen	*egenst*
airport	Flughafen	*erport*
alive	lebendig	*äleif*
although	obwohl	*orlssoh*
ambulance	Krankenwagen	*embjulens*
and	und	*änd*
angry	wütend	*engrie*
animal	Tier	*änimels*
apartment	Wohnung	*appartment*
apple	Apfel	*äppel*
application	Antrag	*epplikehschen*
apprenticeship	Lehre	*epprentis-schip*
April	April	*epril*
are	sind	*ar*
arm	Arm	*arm*
armchair	Sessel	*arm tschehr*
art	Kunst	*art*
as	als, wie	*es*
August	August	*orgest*
aunt	Tante	*ahnt*
Australia	Australien	*australia*
Austria	Österreich	*orstria*
Autumn (GB) Fall (US)	Herbst	*ortem forl*
awake	wach	*äwehk*

baby	Baby	*behbie*
back	Rücken	*bäk*
bad	schlecht	*bäd*
bakery	Bäcker	*behkerie*
ball point pen	Kugelschreiber	*borl peunt pänn*
banana	Banane	*banana*
bank	Bank	*bänk*
bathroom	Badezimmer	*bahs ruhm*
be	sein	*bie*
beans	Bohnen	*biens*
bear	Bär	*bär*
beautiful	hübsch	*bjutiful*
because	weil	*biekohrs*
bed	Bett	*bäd*
bed & breakfast	Pension	*bett end bräckfest*
bedroom	Schlafzimmer	*bäd ruhm*
beef	Rindfleisch	*bieff*
beer	Bier	*bier*
begin	beginnen	*biegin*
beginning	Beginn	*beginning*
bicycle	Fahrrad	*bei-ssikle*
big	gross	*bigg*
bill	Rechnung	*bill*
bird	Vogel	*börd*
black	schwarz	*bläck*
blood	Blut	*bladd*
blue	blau	*blu*
blueberry	Blaubeere	*blu-berrie*
boat	Boot	*boot*
body	Körper	*boddie*
bones	Knochen	*bohns*
book	Buch	*bukk*
boring	langweilig	*bohring*
bottom	Po	*bottem*
bowl	Schüssel	*bohl*
boy	Junge	*beu*
boyfriend	Freund	*beufränd*
bread	Brot	*bräd*
breakfast	Frühstück	*bräkfest*
bridge	Brücke	*bridsch*

broccoli	Brokkolie	*brockolie*
brother	Bruder	*brasser*
brown	braun	*braun*
buildings	Gebäude	*bildings*
bus	Bus	*bass*
bush	Busch	*busch*
but	aber	*batt*
butcher	Metzger	*butscher*
butter	Butter	*batter*
by	bis	*bei*
by	bis	*bei*
bye bye	Tschüss	*bei bei*
cabbage	Kraut	*kebbedsch*
cake	Kuchen	*kehk*
call	rufen	*korl*
camping	Camping	*kemping*
can	können	*kenn*
Canada	Kanada	*kenn-ada*
car	Auto	*kar*
car park	Parkhaus	*kahrpark*
carrots	Karotten	*kerätts*
cash machine	Bankautomat	*käsch mäschien*
cat	Katze	*kätt*
cauliflower	Blumenkohl	*kolliflauer*
centimeter	Centimeter	*ssentimieter*
chair	Stuhl	*tschehr*
cheap	billig	*tschiep*
check out	Abreise	*tscheck aut*
cheese	Käse	*tschies*
chest of drawers	Kommode	*tschest of dror-rers*
chicken	Hühnchen	*tschikken*
child	Kind	*tscheild*
childish	kindlich	*tscheildisch*
children	Kinder	*tschildren*
Chinese	Chinesisch	*tscheinies*
chocolate	Schokoklade	*tschokk-lett*
Christmas	Weihnachten	*krismäs*
cinema	Kino	*ssinnema*
circle	Kreis	*ssirkel*
city	Grosstadt	*ssittie*

clean	putzen	*klien*
clean	sauber	*kliehn*
clock	Uhr	*klock*
clothes	Kleidung	*klohs*
coffee	Kaffee	*koffeh*
cold	kalt	*kohlt*
cold	kalt	*kohlt*
colour	Farbe	*kaller*
colouring pen	Farbstift	*kallering pänn*
come	kommen	*kamm*
communicate	kommunizieren	*komm-juni-keht*
complain	sich beschweren	*komplehn*
computer	Computer	*kommpjuter*
cook	kochen	*kuck*
cooker	Herd	*kucker*
corner	Ecke	*korner*
cough	Husten	*koff*
count	rechnen	*kaunt*
country	Land	*kantrie*
countryside	ländlicher Raum	*kantrie-sseit*
court	Gericht	*kord*
cousin	Cousin	*kassin*
cow	Kuh	*kau*
crawl	kriechen	*krorl*
crazy	verrückt	*kehsie*
crockery	Geschirr	*krokkerie*
cucumber	Gurken	*kjukamber*
culture	Kultur	*kaltscher*
cup	Tasse	*kapp*
cupboard	Schrank	*kapp bord*
currency	Währung	*körrenssie*
cutlery	Besteck	*kattlerie*
cycle	radfahren	*sseikel*
dad	Papa	*däd*
dance	tanzen	*dahns*
danger	Gefahr	*dehnscher*
dark	dunkel	*dark*
dark	dunkel	*dark*
daughter	Tochter	*dorter*
day	Tag	*deh*

dead	tot	*dedd*
December	Dezember	*diessember*
deep	tief	*diep*
degree	Abschluss	*degrie*
dentist	Zahnarzt	*dentist*
describe	beschreiben	*diskreib*
desert	Wüste	*dässert*
desk	Schreibtisch	*desk*
dessert	Nachtisch	*diesört*
diagonal	diagonal	*dei-ägonel*
dinner	Abendbrot	*dinner*
directions	Richtungen	*deirektschens*
dirty	dreckig	*dörtie*
disgusting	ekelig	*disgassting*
dishes	Speisen	*disches*
dislike	nicht mögen	*dissleik*
divorce	Scheidung	*diewors*
do	machen*	*du*
doctor	Arzt	*doktor*
documents	Dokumente	*dokjumänts*
dog	Hund	*dog*
dolphin	Delphin	*dollfin*
door	Tür	*dohr*
double room	Doppelzimmer	*dabbel ruhm*
down	runter	*daun*
drink	trinken	*drink*
drinks	Getränke	*drinks*
drive	fahren	*dreif*
earlier	früher	*örlier*
ears	Ohren	*iehrs*
earth	Erde	*öhrs*
East	Osten	*iest*
Easter	Ostern	*iester*
eat	essen	*iet*
edge	Kante	*ädsch*
education	Bildung	*edju-keh-schen*
eight	acht	*eht*
eightteen	achtzehn	*ehttien*
eighty	achtzig	*ehtie*
either	entweder	*iesser*

election	Wahl	*ielektschen*
elephant	Elephant	*älle-fänt*
eleven	elf	*ieläwen*
email	eMail	*iemehl*
embassy	Botschaft	*embessie*
emergency	Notfall	*iemördschenssie*
employee	Angestellter	*ämpleu-ie*
end	Ende	*änd*
England	England	*inglend*
English	Englisch	*inglisch*
enjoy	geniessen	*ändscheu*
evening	Abend	*iewening*
exam	Prüfung	*exäm*
excuse me	Entschuldigung	*ix kjus mie*
exercise	trainieren	*exär-sseis*
exhibition	Ausstellung	*äxie-bischen*
expensive	teuer	*ixpenssif*
explain	erläutern	*äxplehn*
express	sich ausdrücken	*äxpress*
eyes	Augen	*eis*
family	Familie	*femmillie*
famous	berühmt	*fehmäs*
fast	schnell	*fahst*
father	Vater	*farser*
February	Februar	*fäbru-erie*
feel	fühlen	*viel*
female	weiblich	*fiemehl*
field	Feld	*field*
fifteen	fünfzehn	*fiftien*
fifty	fiftie	*fiftie*
file	Akte	*feil*
film	Film	*film*
finger	Finger	*finger*
finger nail	Fingernagel	*finger nehl*
finish	beenden	*finnisch*
fire	Feuer	*feier*
fire brigade	Feuerwehr	*feier briegeht*
first	erste(r/s)	*först*
fish	Fisch	*fisch*
five	fünf	*feif*

flower	Blume	*flauer*
fly	fliegen	*flei*
folder	Ordner	*fohlder*
food	Essen	*fuhd*
foot	Fuss	*futt*
for	für	*fohr*
foreign	fremd	*vor-renn*
forest	Wald	*vorrest*
fork	Gabel	*fork*
form	Formular	*form*
forty	vierzig	*fohrtie*
four	vier	*fohr*
fourteen	vierzehn	*fohrtien*
fourth	vierte (r/s)	*fors*
freezer	Gefrierschrank	*friesser*
French	Französisch	*fränsch*
Friday	Freitag	*freideh*
fridge	Kühlschrank	*fridsch*
friend	Freund/in (allg)	*fränd*
fruit	Obst	*fruht*
full	ganz	*full*
furniture	Möbel	*förnitscher*
German	Deutsch	*dschörmen*
Germany	Deutschland	*dschörmenie*
giraffe	Giraffe	*dschie-rahf*
girl	Mädchen	*görl*
girlfriend	Freundin	*girlfränd*
give	geben	*giff*
glass	Glas	*glass*
glass	Glas	*glas*
go	gehen	*go*
gold	Gold	*gohld*
good	gut	*gudd*
gramm	Gramm	*grämm*
grandchild	Enkelkind	*gränd-tscheilt*
grandchildren	Enkelkinder	*gränd-tschildren*
grandfather	Opa	*grändfarser*
grandmother	Oma	*grändmasser*
grapes	Trauben	*grehps*
grass	Grass	*grass*

Great Britain	Grossbritannien	*greht britten*
Greek	Griechisch	*griek*
green	grün	*grien*
hair	Haare	*hehr*
half	halb	*hahf*
hand	Hand	*hend*
happy	glücklich	*häppie*
hard	hart	*hard*
hate	hassen	*heht*
have	haben	*häf*
head	Kopf	*häd*
headache	Kopfschmerzen	*häd ehk*
health	Gesundheit	*hellss*
heart	Herz	*hart*
heaven	Himmel (rel.)	*häwen*
heavy	schwer	*häwie*
hello	Hallo	*hällo*
help	Hilfe	*help*
herbs	Kräuter	*hörbs*
high	hoch	*hei*
High School	Realschule/ Gymnasium	*hei skuhl*
hills	Hügel	*hills*
hire car	Mietwagen	*heier kar*
holiday	Ferien	*hollideh*
home	zu Hause	*hohm*
hoover	Staubsauger	*huwer*
horse	Pferd	*hors*
hospital	Krankenhaus	*hospitell*
hot	heiss	*hott*
hotel	Hotel	*hotel*
hour	Stunde	*auer*
house	Haus	*haus*
house wife	Hausfrau	*haus weif*
How	Wie	*hau*
however	jedoch	*hau-äwer*
human	Mensch	*jumän*
identity card	Ausweis	*eidentitie kard*
if	wenn	*if*
important	wichtig	*importent*
iron	Eisen	*eien*

is	ist	*is*
Italian	Italienisch	*itellien*
jacket	Jacke	*dschekett*
jam	Marmelade	*dschem*
January	Januar	*dschen-ju-erie*
Japanese	Japanisch	*tschäppenies*
joints	Gelenke	*dscheunts*
juice	Saft	*dschuhs*
July	Juli	*dschulei*
jump	springen	*dschamp*
jumper	Kleid	*dschamper*
June	Juni	*dschuhn*
kilo	Kilo	*kilo*
kilometer	Kilometer	*kilomieter*
kindergarden	Kindergarten	*kindergarden*
kitchen	Küche	*kitschen*
kiwi	Kiwi	*kiwi*
knee	Knie	*nie*
knife	Messer	*neif*
know	wissen	*no*
lake	See	*lehk*
lamp	Lampe	*lämp*
land	Land	*länd*
landscape	Landschaft	*lendskehp*
language	Sprache	*leng-witsch*
large	extra gross	*lardsch*
later	später	*lehter*
learn	lernen	*lörn*
leaves	Blätter	*liefs*
left	links	*left*
leg	Bein	*legg*
letter	Brief	*letter*
letter	Buchstabe	*lätter*
letters	Buchstaben	*letters*
light	hell	*leit*
light	hell	*leit*
light	leicht	*leit*
like	mögen	*leik*
line	Linie	*lein*
lion	Löwe	*lei-en*

lips	Lippen	*lips*
listen	zu hören	*lissen*
liter	Liter	*liter*
live	wohnen	*liff*
living room	Wohnzimmer	*liwing ruhm*
locations	Orte	*lokeh-schens*
lonely	einsam	*lohnlie*
long	lang	*long*
loud	laut	*laud*
love	lieben	*laff*
low	niedrig	*loh*
lunch	Mittagessen	*lansch*
magazine	Zeitschrift	*mägge-sinn*
male	männlich	*mehl*
man	Mann	*männ*
map	Karte	*mäpp*
March	März	*martsch*
marriage	Ehe	*mehr-ridsch*
marry	heiraten	*merrie*
materials	Materialien	*mettieriels*
May	Mai	*meh*
measurement	Masseinheiten	*mäschörments*
meat	Fleisch	*miet*
medical insurance	Krankenversicherung	*mädikel inschurens*
menu	Speisekarte	*menju*
metal	Metall	*mettel*
meter	Meter	*mieter*
microwave	Mikrowelle	*meikro wehf*
mile	Meile	*meil*
milk	Milch	*milk*
millimeter	Millimeter	*millimieter*
million	million	*milljen*
minute	Minute	*minnit*
mobile (GB) cell (US)	Handy	*mobeil ssell*
Monday	Montag	*mandeh*
money exchange	Wechselstube	*mannie ex-tschehnsch*
monkey	Affe	*mankie*
moon	Mond	*muhn*
morning	Morgen	*morning*
morning	Morgen	*morning*

mother	Mutter	*masser*
motorbike	Motorrad	*motorbeik*
mountains	Berge	*mauntens*
mouse	Maus	*maus*
mouth	Mund	*maus*
mum	Mama	*mamm*
museum	Museum	*mjusie-em*
music	Musik	*mjusik*
musical	Musical	*mjusikäll*
name	Name	*nehm*
narrow	eng	*nerroh*
need	brauchen	*niehd*
needle tree	Nadelbaum	*niedel trie*
neither	weder	*nieser*
new	neu	*nju*
New Year	Silvester	*nju yier*
New Zealand	Neuseeland	*Nju Sielend*
newspaper	Zeitung	*njus pehper*
next	neben	*next*
next to	neben	*next tu*
nice	nett	*neis*
night	Nacht	*neit*
nine	neun	*nein*
nineteen	neunzehn	*neintien*
ninety	neunzig	*neintie*
no	Nein	*noh*
noon	Mittag	*nun*
North	Norden	*norss*
nose	Nase	*nohs*
November	November	*November*
nursery	Kinderkrippe	*nörsserie*
ocean	Meer	*oh-schen*
ocean	Ozean	*oh-schen*
October	Oktober	*oktober*
official	offiziell	*offischell*
old	alt	*ohld*
on time	pünktlich	*on teim*
one	eins	*won*
one eighth	ein achtel	*won ehts*
one-hundred	hundert	*won-handret*

one-thousand	tausend	*won-ssausend*
or	oder	*or*
orange	Orange	*orrendsch*
order	Bestellung	*order*
organs	Organe	*orgens*
oval	oval	*owel*
oven	Backofen	*owen*
page	Seite	*pehdsch*
pages	Seiten	*peh-dsches*
pain	Schmerz	*pehn*
palm tree	Palme	*porlm trie*
paper	Papier	*pehper*
partner	Partner	*partner*
party	feiern	*partie*
passport	Pass	*passport*
pasta	Nudeln	*pasta*
peace	Frieden	*piess*
pear	Birne	*per*
pen	Stift	*pänn*
pencil	Bleistift	*pännssil*
pencil sharpener	Spitzer	*pännssil scharpener*
pensioner	Renter	*penschener*
permit	Erlaubnis	*pörmit*
pharmacy	Drogerie	*farmässie*
phone	Telefon	*fohn*
phone number	Telefonnummer	*fohn namber*
pig	Schwein	*pig*
plane	Flugzeug	*plehn*
planet	Planet	*plänät*
plant	Pflanze	*plahnt*
plastic	Plastik	*plästik*
plate	Teller	*pleht*
play	spielen	*pleh*
please	Bitte	*pliehs*
please	Bitte	*pliehs*
poison	Gift	*peusen*
police	Polizei	*pohlies*
poor	arm	*puhr*
popular	beliebt	*pojuler*
pork	Schweinefleisch	*pork*

post office	Post	*pohst offis*
postcard	Postkarte	*pohst kart*
potatoes	Kartoffeln	*poh-tee-tohs*
pound	Pfund	*paund*
pray	beten	*preh*
primary school	Grundschule	*preimerie skuhl*
prison	Gefängnis	*prissen*
private parts	Geschlechtsteile	*preiwet parts*
profession	Beruf	*profeschen*
pupil	Schüler	*pjupil*
quarter	viertel	*qworter*
question	Frage	*kwest-schen*
rabbit	Hase	*rebbit*
radio	Radio	*rehdio*
raspberry	Himbeere	*ras-berrie*
read	lesen	*ried*
rectangular	rechteckig	*rek-täng-jular*
red	rot	*räd*
red wine	Rotwein	*räd wein*
relationship	Beziehung	*rieleschen-schip*
relax	entspannen	*rielex*
religion	Religion	*relidschen*
repair	reparieren	*riepehr*
reservation	Reservierung	*räserwehschen*
restaurant	Restaurant	*restorrent*
rice	Reis	*reis*
rich	reich	*ritsch*
right	rechts	*reit*
river	Fluss	*riwer*
roof	Dach	*ruf*
rooms	Zimmer	*ruhms*
root	Wurzel	*ruht*
round	rund	*raund*
rubber	Radiergummi	*rabber*
ruler	Linial	*ruhler*
run	rennen	*rann*
running	joggen	*ranning*
rural	ländlich	*ruhrel*
Russian	Russisch	*raschen*
sad	traurig	*ssäd*

sail	segeln	*ssehl*
sailing	segeln	*ssehling*
salad	Salat	*ssälled*
Saturday	Samstag	*ssetderdeh*
sausage	Wurst	*sossedsch*
school	Schule	*skuhl*
science	Wissenschaft	*sseins*
scream	schreien	*skriem*
seaside	Küste	*ssie-sseit*
second	Sekunde	*ssekkend*
second	zweite (r/s)	*ssäkend*
seed	Samen	*ssied*
sentence	Satz	*säntenss*
September	September	*sseptember*
seven	sieben	*ssäwen*
seventeen	siebzehn	*ssäwentien*
seventy	siebzig	*ssäwentie*
shallow	flach	*schelloh*
shapes	Formen	*schehps*
shark	Hai	*schark*
shelf	Regal	*schelf*
shirt	Hemd	*schört*
shoes	Schuhe	*schuhs*
short	kurz	*schort*
shoulder	Schulter	*scholder*
shower	Dusche	*schauer*
sights	Sehenswürdigkeiten	*sseits*
signature	Unterschrift	*ssik-netscher*
silent	leise	*sseilent*
silver	Silber	*ssilver*
sing	singen	*sing*
single room	Einzelzimmer	*ssingel ruhm*
sister	Schwester	*sister*
sit	sitzen	*ssitt*
six	sechs	*six*
sixteen	sechzehn	*sixtien*
sixty	sechzig	*sixtie*
skiing	skifahren	*skie-ing*
skin	Haut	*skin*
skirt	Rock	*skört*

sky	Himmel	*skei*
skyscraper	Hochhaus	*skei skrehper*
sleep	schlafen	*ssliep*
sleep	schlafen	*sliep*
slow	langsam	*sloh*
small	klein	*smorl*
snake	Schlange	*snehk*
socks	Socken	*socks*
sofa	Sofa	*ssofa*
soft	weich	*soft*
soft drinks	Süssgetränke	*ssoft drinks*
solve	lösen	*solf*
son	Sohn	*ssan*
sorry	Verzeihung	*sorrie*
South	Süden	*ssauss*
space	Weltall	*sspehs*
Spanish	Spanisch	*sspennisch*
speak	sprechen	*sspiek*
specials	Tagesangebote	*sspeschels*
spell	buchstabieren	*sspell*
spine	Wirbelsäule	*spein*
spoon	Löffel	*spuhn*
Spring	Frühling	*sspring*
square	quadratisch	*skwer*
stairs	Treppe	*stehrs*
star	Stern	*sstar*
start	Start	*sstart*
starter	Vorspeise	*starter*
stationary shop	Schreibwarenladen	*sstehschenerie schop*
stomach	Bauch	*stomäck*
stomach ache	Bauchschmerzen	*sstomeck ehk*
stone	Stein	*sstohn*
stop	Stop	*sstop*
story	Geschichte	*sstorrie*
straight ahead	geradeaus	*sstreht ehäd*
strawberry	Erdbeere	*sstror-berrie*
strong	stark	*sstrong*
student	Student	*stjudent*
sugar	Zucker	*schuggar*
suite	Suite	*swiet*

Summer	Sommer	*ssammer*
sun	Sonne	*ssann*
Sunday	Sonntag	*ssandeh*
supermarket	Supermarkt	*ssupermarket*
sweater	Pullover	*swetter*
swimming	schwimmen	*swimming*
Switzerland	Schweiz	*switzerlend*
table	Tisch	*tehbel*
take	nehmen	*tehk*
talk	reden	*tork*
taste	schmecken	*tehst*
tea	Tee	*tie*
tea spoon	Teelöfel	*tie spuhn*
teach	lehren	*tietsch*
teeth	Zähne	*tiess*
ten	zehn	*ten*
thank you	Danke	*ssänk ju*
thanks	Danke	*ssänks*
the	der/die/das	*tsä*
theater	Theater	*ssie-ätter*
thief	Dieb	*ssief*
third	dritte (r/s)	*ssörd*
thirteen	dreizehn	*ssörtien*
thirty	dreizig	*ssörtie*
three	drei	*ssrie*
through	durch	*ssruh*
through	durch	*ssruh*
Thursday	Donnerstag	*ssörsdeh*
tickets	Tickets	*tickets*
tiger	Tiger	*teiger*
time	Uhrzeit	*teim*
tip	Trinkgeld	*tip*
tired	müde	*teiert*
today	heute	*tudeh*
toes	Zehen	*tohs*
tomato	Tomaten	*tomehto*
tomorrow	morgen	*tumorroh*
tongue	Zunge	*tang*
tooth ache	Zahnschmerzen	*tuhs ehk*
topic	Thema	*toppick*

touch	berühren	*tatsch*
tourist information	Touristeninformation	*turist informeh-schen*
town	Stadt	*taun*
town centre	Stadtmitte	*taun center*
townhall	Rathaus	*taunhorl*
toy shop	Spielzeugladen	*teu schop*
train	Zug	*trehn*
train station	Bahnhof	*trehn ssteh-schen*
tram	Strassenbahn	*tremm*
translate	übersetzen	*tränsleht*
transport	Transport	*transport*
travel	reisen	*träwel*
travel agent	Reisebüro	*träwel ehdschent*
tree	Baum	*trie*
trousers	Hose	*trausers*
Tuesday	Dienstag	*tjusdeh*
TV	Fernseher	*tie wie*
twelve	zwölf	*twelf*
twenty	zwanzig	*twentie*
two	zwei	*tu*
two thirds	zwei drittel	*tu ssörds*
ugly	hässlich	*agglie*
uncle	Onkel	*ankel*
underground	U-Bahn	*andergraund*
underwear	Unterwäsche	*anderwer*
university	Universität	*juniwersitie*
unpopular	unbeliebt	*unpopjulär*
up	hoch	*ap*
urban	urban	*örben*
USA	USA	*Ju S E*
valley	Tal	*welleh*
vegetables	Gemüse	*wetschtebls*
village	Dorf	*willetsch*
visa	Visa	*visa*
walk	laufen	*workk*
wall	Wand	*worl*
war	Krieg	*wor*
warm	warm	*worm*
was	war	*woss*
washing machine	Waschmaschine	*wosching mäschien*

watch	Armbanduhr	*wotsch*
watch TV	fernsehen	*wotsch tie wie*
water	Water	*worter*
weak	schwach	*wiek*
website	Webseite	*webseit*
wedding	Hochzeit	*wedding*
Wednesday	Mittwoch	*wends-deh*
weekdays	Wochentage	*wiekdehs*
were	waren	*wör*
West	Westen	*west*
whale	Wal	*wehl*
What	Was	*wot*
When	Wann	*wenn*
Where	Wo	*wer*
Which	Welche	*witsch*
white	weiss	*weit*
white wine	Weisswein	*weit wein*
Who	Wer	*hu*
Whom	Wem	*huhm*
Whose	Wessen	*huhs*
Why	Warum	*wei*
window	Fenster	*windo*
Winter	Winter	*winter*
with	mit	*wiss*
without	ohne	*wissaut*
woman	Frau	*wumänn*
wood	Holz	*wudd*
word	Wort	*wörd*
words	Worte	*wörds*
work	arbeiten	*wörk*
write	schreiben	*reit*
yellow	gelb	*jello*
yes	Ja	*jess*
young	jung	*jang*
youth hostel	Jugendherberge	*juhss hostell*
yummy	lecker	*jammie*
zero	null	*siero*